MEUS 5 TALENTOS DOMINANTES

1 _____

2 _____

3 _____

4 _____

5 _____

**DESCUBRA
SEUS PONTOS
FORTES 2.0**

DON CLIFTON
Pai da psicologia dos pontos fortes e criador do programa CliftonStrengths®

DESCUBRA SEUS PONTOS FORTES 2.0

STRENGTHSFINDER 2.0

INSTITUTO GALLUP | TOM RATH

SEXTANTE

Título original: *Strengths Finder 2.0*

Copyright © 2007 por Gallup, Inc.
Copyright da tradução © 2019 por GMT Editores Ltda.

Gallup®, CliftonStrengths®, Clifton StrengthsFinder®,
Gallup Press®, Q12®, StrengthsFinder® e os 34 temas
CliftonStrengths são marcas registradas da Gallup, Inc.

Todos os direitos reservados. Nenhuma parte deste livro pode ser utilizada ou reproduzida sob quaisquer meios existentes sem autorização por escrito dos editores.

tradução: Livia de Almeida
preparo de originais: Raquel Zampil e Sheila Louzada
revisão: Luis Américo Costa, Luíza Alves Côrtes,
Rafaella Lemos e Tereza da Rocha
diagramação: Valéria Teixeira
capa: Chin-Yee Lai
adaptação de capa: Ana Paula Daudt Brandão
impressão e acabamento: Lis Gráfica e Editora Ltda.

CIP-BRASIL. CATALOGAÇÃO NA PUBLICAÇÃO
SINDICATO NACIONAL DOS EDITORES DE LIVROS, RJ

R183d   Rath, Tom

Descubra seus pontos fortes 2.0/ Tom Rath e Instituto Gallup; tradução de Livia de Almeida. Rio de Janeiro: Sextante, 2019.
224 p.; 14 x 21 cm.

Tradução de: Strenghts finder 2.0
ISBN 978-85-431-0775-2

1. Sucesso nos negócios. 2. Motivação no trabalho. 3. Habilidades de vida – Testes de Aptidão. I. Almeida, Livia de. II. Título.

19-57089

CDD: 658.409
CDU: 005.336

Todos os direitos reservados, no Brasil, por
GMT Editores Ltda.
Rua Voluntários da Pátria, 45 – 14º andar – Botafogo
22270-000 – Rio de Janeiro – RJ
Tel.: (21) 2538-4100
E-mail: atendimento@sextante.com.br
www.sextante.com.br

SUMÁRIO

Prefácio: Por que eu deveria me estudar?,
por Jim Clifton, CEO do Instituto Gallup   7

Fazendo o teste *CliftonStrengths* –
Descubra seus pontos fortes   15

CliftonStrengths: A nova geração   17

PARTE I Descubra seus pontos fortes –
uma introdução   23

PARTE II Seus pontos fortes na prática   43

Os 34 temas e ideias para ação   45

    Adaptabilidade   47
    Analítico   52
    Ativação   57
    Autoafirmação   62
    Carisma   67
    Comando   71
    Competição   76
    Comunicação   80
    Conexão   85

Contexto	90
Crença	95
Desenvolvimento	99
Disciplina	104
Empatia	109
Estudioso	114
Excelência	119
Foco	124
Futurista	129
Harmonia	134
Ideativo	139
Imparcialidade	144
Inclusão	148
Individualização	153
Input	158
Intelecção	162
Organização	166
Pensamento Estratégico	171
Positivo	176
Prudência	181
Realização	186
Relacionamento	191
Responsabilidade	196
Restauração	201
Significância	206
Uma pergunta frequente	211
A história do teste *CliftonStrengths* – *Descubra seus pontos fortes*	213
Sobre os autores	219
Sobre o Gallup	221

PREFÁCIO:
Por que eu deveria me estudar?

Provavelmente você está lendo este livro e vai fazer a avaliação porque seu gestor, seu líder de equipe ou seu mentor lhe pediu. Alguém está muito interessado em seu potencial. Alguém quer que você vença no trabalho e na vida.

Esse processo de autodescoberta que você está para iniciar vai transformá-lo para sempre. Para milhões de pessoas, essa é a maior descoberta da vida para o próprio desenvolvimento.

Você está prestes a fazer uma avaliação que não tem respostas erradas. É a única em que todas as alternativas estão *certas*. Não é um teste para medir o que você sabe. É para medir o que você sente. Ele determina quem você é. É a única avaliação que quantifica e determina o que existe dentro de você – o que o impulsiona.

Ela entende *você* como uma força da natureza.

O resultado é o mais incomum no mundo: o teste determina o que está *certo* em você. Nunca houve uma ferramenta como essa até que o Gallup a tivesse inventado.

A pesquisa que a fundamenta envolve 50 anos de dados

e análises do Gallup. Seu inventor – Don Clifton (1924-2003) – se tornou um dos psicólogos mais famosos da história, e a avaliação recebe seu nome: *CliftonStrengths – Descubra seus pontos fortes.*

Clifton descobriu que existem 34 tendências de personalidade. Vamos chamá-las de temas de talento ou talentos inatos. Todas as variações de quem somos estão nessas 34 tendências, que incluem pontos fortes como Realização, Competição e Pensamento Estratégico. Quando você conhece seus cinco pontos fortes dominantes dentro desses 34 – e lidera com eles –, transforma seus resultados pessoais e profissionais, porque aproveita esses talentos.

Você está prestes a descobrir seus cinco maiores pontos fortes.

O teste *CliftonStrengths – Descubra seus pontos fortes* vem levando as melhores organizações do mundo – empresas da lista Fortune 1000, ONGs e grandes universidades – a mudar o modo de desenvolver pessoas e equipes em praticamente todas as áreas do trabalho e da vida.

O bilionário Instituto *Você*

Depois de identificar e aplicar seus cinco talentos dominantes, e passar a liderar equipes, entidades gigantescas ou pequenas, uma escola, um museu para crianças ou um país inteiro tendo em mente seus pontos fortes do teste *CliftonStrengths*, você terá sucesso, crescerá e se desenvolverá continuamente pelo resto da vida. Sua habilidade de liderança não vai parar de crescer e se aprimorar quando você descobrir e explorar seus pontos fortes.

Formação, experiência e habilidades são características importantíssimas. Aprenda e vivencie quanto puder. Mas você só vai aproveitar ao máximo seu sucesso na liderança quando sua formação, sua experiência e suas habilidades se entrelaçarem magistralmente com seus cinco principais pontos fortes.

Suas estratégias para crescer e se desenvolver dependem de maximizar seu potencial. Praticamente todo mundo é capaz de levar uma vida que valha 1 bilhão de dólares para o mundo. Você tem esse potencial de 1 bilhão de dólares. Pense em seus pontos fortes como seus maiores ativos financeiros. Pense em seus pontos fracos como despesas que precisam ser reduzidas. Então veja até que ponto consegue aumentar o patrimônio do bilionário Instituto Você.

Se você ignorar seus pontos fracos, nunca será um líder de sucesso. Conhecendo seus pontos fracos e continuamente explorando seus pontos fortes – seus ativos –, você consegue liderar quase tudo. Pode se tornar presidente do seu país, diretor de universidade, CEO, chanceler, um professor ou pastor conhecido nacionalmente, um escritor ou cientista famoso ou presidente de uma fundação ou entidade sem fins lucrativos. Se você tiver a estratégia certa que favoreça seus pontos fortes, não haverá limites para o que conseguirá liderar, construir e se tornar.

Milhões de pessoas comemoraram ao descobrir seus pontos fortes, pois nunca tinham entendido por que são como são. Não sabiam que tinham algum ponto forte de valor. Muitas delas nos contam que, após descobrir esses pontos fortes – o que há de *certo* neles – e fazer deles seus ativos, realizaram grandes mudanças e assim se tornaram mais felizes e mais bem-sucedidas do que jamais imaginaram. Esta foi a revolucionária descoberta de Don Clifton, cientista do Gallup, após décadas de pesquisa e estudos com indivíduos e equipes, expressa da forma mais simples:

> Embora seja necessário antes de tudo saber com exatidão quais são seus pontos fracos, eles nunca se tornam pontos fortes. Ponto.

Peter Drucker, o pai da administração moderna, afirmou:

> "O desempenho de alguém só pode ser baseado em seus pontos fortes. Não é possível aprimorar o desempenho recorrendo a fraquezas, muito menos a algo que a pessoa não consegue fazer."

O mesmo Drucker afirmou também:

> "Para ter sucesso nesse mundo novo, precisaremos primeiro aprender quem somos. Poucas pessoas, mesmo entre as mais bem-sucedidas, conseguem responder a estas perguntas: em que você é bom? O que você precisa aprender para extrair o máximo de seus pontos fortes? Poucos sequer já se perguntaram essas coisas."

É possível investir seus pontos fortes em qualquer tarefa ou trabalho. Embora o mais comum seja explorá-los na carreira, também se pode usá-los para a igreja, a escola, a comunidade, a família e os amigos – você pode usá-los na vida.

Responda agora mesmo: você está construindo sua vida e sua carreira tentando consertar seus pontos fracos ou desenvolvendo e aplicando seus pontos fortes?

Vou dar um exemplo interessante. Giselle recebeu a proposta de assumir a diretoria da divisão de uma famosa empresa de comunicação de Washington. Ela estava ansiosa para levar o departamento a um novo nível, mas, quando chegou lá, descobriu que o trabalho exigia principalmente especialização em vendas. Como diretora da unidade, ela precisava de elevado êxito nas vendas, senão não haveria projetos nem novas receitas – seria um fracasso para ela e a divisão. Foi uma crise grave não só em sua carreira como em sua vida, porque Giselle é uma péssima vendedora.

Seu obstáculo era que odiava a frieza das ligações. Ela tinha horror à ideia de telefonar todo dia para empresas e entidades em que não conhecia ninguém. Sua confiança e sua espontaneidade sumiam quando precisava fazer uma apresentação de vendas. Sem dúvida, esses pontos fracos a impediriam de se sair bem no novo emprego.

No entanto, um de seus pontos fortes era que amava transmitir conceitos difíceis. Adorava ajudar as pessoas a entender fatos complicados que afetavam o trabalho delas e o futuro de sua organização. Gostava de ler tudo e depois explicar para pessoas muito inteligentes conceitos que nunca tinham entendido.

Quando estamos em uma situação difícil, nossos pontos fortes são sempre nossos melhores amigos. A única saída é aproveitá-los.

Giselle fez contato com um ex-mentor seu que era bom em orientar carreiras com o teste *CliftonStrengths – Descubra seus pontos fortes* e ele lhe recomendou: "Por que, no novo cargo de liderança, você não faz o papel de vendedora ajudando os outros a entender conceitos difíceis, conceitos que eles acham que nunca entenderiam, exatamente como faz comigo? Quando chegar à reunião com o futuro cliente, venda usando seus pontos fortes. Comece a *ensinar* em vez de vender. Ajude-os a aprender algo que parece dificílimo e que eles precisam saber, exatamente como você fez comigo durante anos."

Ele continuou: "Influencie-os com seus pontos fortes: Estudioso, Comunicação e Individualização. Ensine a eles algo que os ajude a fazer melhor seu trabalho, e eles nunca deixarão de comprar de você."

Giselle seguiu o conselho, e a receita do departamento explodiu. Ela precisou até contratar 100 novos funcionários. Quando a viam trabalhando, as pessoas diziam: "Giselle é uma líder com um talento incrível para vendas. Ela consegue administrar qualquer coisa." Sua carreira decolou.

A realidade é que Giselle tinha o potencial de se tornar uma grande líder, mas perderia a oportunidade se tivesse visto o novo cargo pela lente dos pontos fracos, não dos pontos fortes.

Sempre há uma estratégia que use os pontos fortes para se vencer na vida e no trabalho.

Fazer o teste *CliftonStrengths – Descubra seus pontos fortes* é um ótimo primeiro passo. Veja com o líder de sua equipe se há algum especialista em pontos fortes que possa orientá-lo. Não há desenvolvimento real sem orientação. Com um bom direcionamento, é muito mais provável que você faça uma descoberta transformadora.

Não existe um jeito único de liderar

A maior descoberta que o Gallup fez sobre liderança foi: não existe um jeito único de liderar. Existem milhões de combinações de pontos fortes usadas por grandes líderes – os pontos fortes de Bill Gates são muito diferentes dos de Oprah

Winfrey, os de Jeff Bezos são muito diferentes dos de Elon Musk ou dos de Jay-Z. Todos são grandes líderes que tiveram uma influência enorme em seu país e no mundo, mas lideram suas equipes de maneiras completamente distintas.

A maior contribuição de Don Clifton à ciência da liderança foi a conclusão de que não há uma taxonomia única do grande líder. Os grandes líderes lideram com pontos fortes só seus, sem tentar ser alguém que *não* são.

Se você comanda alguma equipe, a eficácia dessa equipe vai mais do que dobrar quando você determinar exatamente quais são seus pontos fortes. Isso o levará a um outro patamar como líder – simplesmente por saber e assumir seus pontos fortes.

Se quiser subir ainda mais de nível, avalie e discuta os pontos fortes de cada um dos integrantes de sua equipe.

Há um nível ainda mais alto – vamos chamar de liderança de equipe de nível três. No nível 1, os líderes conhecem e lideram com seus pontos fortes. No nível 2, tanto os líderes quanto cada membro da equipe conhecem seus próprios pontos fortes. No nível 3, os líderes e os integrantes da equipe conhecem os próprios pontos fortes *e os dos outros*.

A equipe de nível 3 tem potencial de se tornar uma das equipes com maior desempenho no mundo. Isso porque a ciência dos pontos fortes começa com o *indivíduo*, que é a única maneira de ampliar ao máximo o potencial de qualquer equipe em qualquer missão com metas e propósitos elevados.

Quando pensar em seus então recém-descobertos pontos fortes, pergunte-se como usar os cinco principais para montar um time que mudará o mundo. Quando os pontos fortes são aproveitados ao máximo, não há limites para o que você pode fazer e como pode liderar.

Sua empresa, sua cidade, sua família, seus amigos e seu país precisam que você dê essa contribuição histórica à invenção e à construção do grande futuro da humanidade.

Jim Clifton,
presidente do conselho e CEO do Instituto Gallup
Fevereiro de 2021

FAZENDO O TESTE *CLIFTONSTRENGTHS* –
Descubra seus pontos fortes

Para conhecer seus cinco talentos dominantes, você só precisa fazer o teste *CliftonStrengths – Descubra seus pontos fortes*. Ao completar o teste, você também terá acesso ao seu relatório personalizado de *Percepções de pontos fortes* – desenvolvido com base em mais de 5 mil respostas do banco de dados do Gallup para demonstrar como seus talentos dominantes o fazem se destacar na prática. Além disso, você vai receber 10 dicas de ações para desenvolver melhor cada um dos seus cinco pontos fortes.

Para isso, você vai precisar do código de acesso pessoal encontrado na última página do livro. Raspe a área destacada, acesse o site www.gallup.com/cliftonstrengths/pt/ e clique na opção "Resgatar código". Insira seu código pessoal no local indicado e faça seu cadastro.

Reserve um momento livre de distrações e interrupções para completar o teste, que leva cerca de 35 minutos. Serão apresentados 177 pares de descritores. Selecione a opção que mais se aplique a você ou que indique seu comportamento mais frequente. Como o objetivo do teste é isolar seus temas pessoais, pode ocorrer que nenhuma das afirmações suscite uma forte reação em você ou que ambas se ajustem perfeitamente à sua personalidade. Nesses casos, selecione a opção "neutro".

Você terá apenas 20 segundos para cada pergunta. Isso busca garantir que responda a primeira coisa que lhe vier à cabeça. Procure não analisar demais sua resposta. Além disso, você não poderá interromper o teste antes de chegar ao fim.

Depois de completar o teste, leia a Parte II: Seus pontos fortes na prática. Essa seção apresenta a descrição padrão de cada um dos 34 temas, exemplos de como cada tema se manifesta na vida real, *ideias para ação* e dicas de como trabalhar melhor com as pessoas de acordo com seus maiores talentos.

Lembre-se de que o propósito de *CliftonStrengths – Descubra seus pontos fortes* não é "ungi-lo" com pontos fortes – o teste simplesmente o ajudará a encontrar as áreas *nas quais você tem o maior potencial para desenvolvê-los.*

CLIFTONSTRENGTHS:
A nova geração

Em 1998, comecei a trabalhar com uma equipe de cientistas do Gallup comandada por Don Clifton, pai da psicologia dos pontos fortes, falecido em 2003. Nosso objetivo era iniciar uma conversa global sobre o que há de positivo nas pessoas.

Estávamos cansados de viver em um mundo que girava em torno da ideia de corrigir fraquezas. O foco implacável da sociedade nas dificuldades dos indivíduos havia se transformado em uma obsessão mundial. E mais: havíamos descoberto que, ao aperfeiçoarem seus pontos fortes, as pessoas têm um potencial de crescimento muito maior do que ao tentarem corrigir suas deficiências.

Com base em um estudo dos pontos fortes realizado ao longo de 40 anos pelo Gallup, criamos a linguagem dos 34 talentos mais comuns e desenvolvemos a versão original do teste *CliftonStrengths* para ajudar as pessoas a descobrir e descrever tais aptidões. Então, em 2001, incluímos a versão inicial dessa avaliação no best-seller *Descubra seus pontos fortes*. A discussão logo se estendeu para além do nicho de leitores de conteúdo sobre administração e gestão. Parecia que o mundo estava pronto para essa conversa.

Nos últimos anos, milhões de pessoas fizeram o teste *CliftonStrengths* e descobriram seus cinco principais temas de talento – e *Descubra seus pontos fortes* ficou mais de cinco anos nas listas de livros mais vendidos. Desde então, o teste foi traduzido para mais de 20 idiomas e vem sendo utilizado em empresas, escolas e grupos comunitários, em mais de 100 países. No entanto, ainda há muito trabalho pela frente quando se trata de criar famílias, comunidades e ambientes de trabalho baseados em pontos fortes.

Na última década, o Gallup entrevistou mais de 10 milhões de pessoas em todo o mundo sobre seu engajamento profissional (ou quão positivas e produtivas elas são no trabalho) e apenas um terço "concorda enfaticamente" com a seguinte afirmação:

"No trabalho, todos os dias tenho a oportunidade de pôr em prática o que faço de melhor."

E, para aqueles que *não* se concentram no que fazem de melhor – seus pontos fortes –, os custos são surpreendentes. Numa consulta recente feita a mais de mil pessoas entre aquelas que "discordam enfaticamente" ou "discordam" dessa afirmação sobre "o que faço de melhor", *nenhuma* apresentava envolvimento emocional com o trabalho.

Em claro contraste, nossos estudos indicam que aqueles que *contam* com a oportunidade de se concentrar em seus pontos fortes todos os dias *têm probabilidade seis vezes maior de se comprometer com o próprio trabalho e mais de três vezes maior de afirmar que, de modo geral, desfrutam de uma excelente qualidade de vida.*

Felizmente, nossa pesquisa também sugere que a presença

de alguém que se concentra com regularidade nos pontos fortes dos funcionários pode fazer uma diferença radical no ambiente de trabalho. Em 2005, pesquisamos o que acontece quando os gestores focam principalmente nos pontos fortes dos funcionários, quando se concentram principalmente em seus pontos fracos ou, ainda, quando ignoram os subordinados. O que descobrimos mudou completamente minha perspectiva sobre quanto é fácil reduzir o desinteresse ativo, ou a extrema negatividade, que corre à solta nas organizações.

Se seu gestor na maior parte do tempo:	As chances de você estar ativamente desinteressado são de:
Ignora você	40%
Concentra-se nas suas fraquezas	22%
Concentra-se nos seus pontos fortes	1%

Como se pode concluir a partir desses resultados, ser ignorado pelo gestor é ainda mais prejudicial do que ter um gestor focado principalmente nas nossas fraquezas. Talvez o mais surpreendente seja a forma como um gerente focado em pontos fortes pode reduzir as chances do indivíduo de se sentir infeliz na vida profissional. Parece que a epidemia de desinteresse ativo que encontramos todos os dias nos ambientes de trabalho é uma doença curável – isso se pudermos ajudar as pessoas à nossa volta a desenvolver seus pontos fortes.

O que há de novo no teste *CliftonStrengths*?

Nossa pesquisa e nossa base de conhecimentos sobre o tópico dos pontos fortes se expandiram drasticamente na última década. O teste *CliftonStrengths* incluído neste livro retoma de onde a versão original parou e foi projetado para fornecer as descobertas mais recentes e suas estratégias para aplicação. A linguagem dos 34 temas permanece a mesma, mas a avaliação é mais rápida e precisa. Além disso, os resultados fornecem uma análise bem mais aprofundada de seus pontos fortes.

Assim que concluir o teste on-line, você terá acesso a relatórios e ferramentas personalizados, inclusive um guia abrangente para o desenvolvimento de pontos fortes com base nos seus resultados. Esse guia apresenta um mergulho profundo nas nuances daquilo que torna cada pessoa singular utilizando mais de 5 mil *Percepções de pontos fortes* personalizadas que descobrimos nos últimos anos.

Indo muito além das descrições que podem ser encontradas na Parte II deste livro, essas *Percepções de pontos fortes* personalizadas vão ajudá-lo a compreender como cada um de seus cinco temas principais se manifesta em um nível muito mais pessoal em sua vida. Por exemplo, embora você e um amigo possam ter um mesmo tema entre os seus cinco principais, a forma como ele se manifesta não será idêntica. Portanto, cada um receberá descrições inteiramente diferentes e personalizadas da maneira como essa característica se apresenta em sua vida. Essas *Percepções de pontos fortes* descrevem *o que faz com que você se destaque* ao ser comparado aos milhões de pessoas que estudamos.

O guia também inclui 10 *ideias para ação* para cada um de seus cinco temas principais. Assim, você terá 50 ações específicas para seguir – que selecionamos entre milhares de sugestões – personalizadas de acordo com seus cinco temas principais. Além disso, o guia o ajudará a construir um plano de desenvolvimento baseado nos pontos fortes, explorando como seus maiores talentos naturais interagem com suas habilidades, seus conhecimentos e sua experiência. O site inclui ainda diversos outros recursos que você poderá utilizar para aprender mais sobre seus pontos fortes e os dos outros.

Embora aprender sobre seus pontos fortes seja uma experiência interessante, ela oferece poucos benefícios se tomada isoladamente. Este livro, o teste, o site e o guia de desenvolvimento são um convite à prática. Se quiser melhorar a sua vida e a das pessoas à sua volta, você precisa agir. Use o guia de desenvolvimento personalizado para alinhar seu trabalho e suas metas a seus talentos naturais. Compartilhe esse plano com seus colegas de trabalho, seu chefe e seus amigos. E então ajude aqueles que estão próximos – no trabalho e em casa – a desenvolver os próprios pontos fortes. Ao fazer isso, você contribuirá para tornar seu ambiente muito mais positivo e produtivo.

PARTE I

Descubra seus pontos fortes – uma introdução

O caminho de *maior* resistência

Em sua estrutura fundamentalmente falha, o objetivo de quase todos os programas de aprendizado é ajudar a nos tornarmos aquilo que *não somos*. Se você não tem um talento natural para os números, ainda assim é obrigado a se dedicar à matemática para obter um diploma. Se não for dotado de muita empatia, será enviado a um curso para incutir empatia em sua personalidade. Do berço ao trabalho, devotamos mais tempo às nossas deficiências do que aos nossos pontos fortes.

Isso fica evidente na forma como transformamos em verdadeiros ícones aqueles que lutam para superar a ausência de talentos naturais. Examinemos a história de Rudy Ruettiger, de 23 anos, zelador do estádio da Universidade de Notre Dame e protagonista do filme *Rudy*, de 1993. Com apenas 1,65 metro e 75 quilos, o rapaz claramente não possuía as condições físicas ideais para jogar no principal campeonato universitário de futebol americano. No entanto, ele tinha uma enorme "determinação".

Rudy trabalhou incansavelmente para ser admitido na Notre Dame e jogar em seu time de futebol. Por fim, depois de ser rejeitado três vezes, conseguiu entrar para a universidade e logo conquistou uma vaga na equipe de treinamento.

Por dois anos, Rudy dedicou-se intensamente aos treinos diários, sem sequer obter permissão para sentar no banco de reservas. Então, depois de dar o máximo de si em duas temporadas, ele finalmente foi convidado a vestir o uniforme no último jogo do ano em que se formaria. Nos momentos derradeiros da partida, com a vitória da Notre Dame garantida, os companheiros de equipe insistiram com o treinador para que o pusesse em campo. Nos segundos finais, o treinador mandou Rudy para uma única jogada – e ele derrubou o *quarterback* do time adversário.

Foi um momento dramático e, claro, imediatamente Rudy se tornou um herói. Os fãs gritaram seu nome e o carregaram para fora do campo. Mais tarde, Ruettiger foi convidado a visitar a Casa Branca, onde conheceu o presidente Bill Clinton, Colin Powell e Joe Montana, uma lenda do futebol americano. Embora sua perseverança seja admirável, no fim ele jogou apenas alguns segundos de uma partida do circuito universitário e fez um único lance... depois de milhares de horas de treinamento.

A natureza inspiradora dessa história, na verdade, mascara um grande problema: superar deficiências é uma parte essencial do princípio que define nossa cultura. Nossos livros, filmes e lendas estão repletos de histórias em que o mais frágil supera dificuldades extraordinárias. E isso nos leva a celebrar mais aqueles que triunfam sobre a própria falta de habilidade natural do que os méritos de quem tira partido de seus talentos inatos. Como resultado, milhões de pessoas consideram esses heróis um ideal a seguir e estabelecem para si grandes desafios. Infelizmente, isso significa tomar o caminho de *maior* resistência.

Uma máxima equivocada?

"Você pode ser o que quiser, basta se esforçar."

Como a maioria das pessoas, eu adotei esse princípio ainda bem jovem. Assim como milhares de outros meninos, passei boa parte da infância tentando ser o próximo Michael Jordan. Treinava todos os dias, lançando a bola na cesta durante três ou quatro horas. Fui para colônias de férias dedicadas ao basquete durante muitas férias de verão e tentei de todos os modos possíveis ser um grande jogador. Porém, por mais que me esforçasse, eu não estava destinado a me tornar um astro da NBA. Depois de dar tudo de mim por mais de cinco anos, não consegui sequer ser selecionado para o time júnior da universidade.

A ideia de que é possível ser qualquer coisa que desejarmos não é algo que deixamos para trás facilmente. Situações semelhantes acontecem todos os dias no trabalho. Os melhores vendedores acreditam que, com o devido esforço, podem ser grandes gerentes de vendas. Eles falam com outros gerentes para compreender os bastidores, leem todos os livros sobre administração que encontram e passam noites em claro tentando cumprir suas tarefas – às custas da família e até mesmo da própria saúde. Então, depois de alguns anos na função, percebem que não têm o talento natural para desenvolver outras pessoas. Não se trata apenas de um desperdício de tempo. Talvez tivessem contribuído mais se houvessem permanecido no cargo de vendedor – um papel em que se destacavam naturalmente. No entanto, se quisermos ganhar mais, ter mais status ou responsabilidade, a hierarquia da maior parte das empresas nos obriga a assumir um papel diferente – em vez de permitir o crescimento na carreira dentro de uma função específica adequada a nossos talentos.

Mais desalentadora ainda é a forma como a nossa fixação nas deficiências afeta os jovens, tanto em casa quanto na sala de aula. Em todas as culturas que estudamos, a esmagadora maioria dos pais (77% nos Estados Unidos) pensa que são as notas *mais baixas* de um aluno que merecem *mais* tempo e atenção. Pais e professores premiam a excelência com a apatia em vez de investir mais tempo nas áreas em que a criança demonstra maior potencial.

A realidade é que uma pessoa que sempre teve dificuldade com números dificilmente se tornará um grande contador ou estatístico. E o indivíduo sem muita empatia natural nunca será capaz de tranquilizar um cliente agitado com o jeito caloroso e sincero das pessoas que têm essa qualidade. Até mesmo o lendário Michael Jordan, que incorporava o poder do talento bruto na quadra de basquete, não conseguiu se tornar o "Michael Jordan" do golfe ou do beisebol, por mais que se esforçasse.

Esse ponto de vista pode parecer uma heresia para quem foi criado acreditando que a pessoa pode se tornar o que quiser. No entanto, fica claro a partir das pesquisas do Gallup que cada um de nós tem um potencial de sucesso maior em áreas específicas e que a chave para o desenvolvimento humano está em crescer a partir do que você *já é*.

O exemplo seguinte, extraído do trabalho de desenvolvimento econômico do Gallup em Puebla, no México, ilustra de forma básica mas contundente o que pode acontecer quando as pessoas se concentram em seus talentos naturais.

Hector sempre foi conhecido como um grande sapateiro. Na verdade, clientes de lugares distantes, como a França, garantiam que ele fazia os melhores sapatos do mundo. Entretanto, durante anos ele viveu frustrado com o desempenho de sua pequena fábrica. Embora soubesse que era capaz de produzir centenas de pares de sapatos por semana, ele fazia em média apenas 30. Quando um amigo lhe perguntou o motivo, Hector explicou que, apesar de ser ótimo na produção de calçados, era um mau vendedor – e péssimo na hora de recolher o pagamento. Porém passava a maior parte do tempo dedicando-se a essas áreas, que eram seus pontos fracos.

Então o amigo o apresentou a Sergio, um vendedor nato. Assim como Hector era conhecido por sua habilidade artesanal, Sergio era bom negociante e vendedor. Dada a maneira como seus pontos fortes se complementavam, os dois decidiram trabalhar juntos. Um ano depois, a dupla produzia e vendia mais de 100 pares de calçados por semana – mais que o triplo de antes.

Embora essa história pareça simplista, o fato é que, em muitos casos, dedicar-se à tarefa certa pode ser fácil assim. Quando somos capazes de investir a maior parte de nossas energias no desenvolvimento de nossos talentos naturais, há um espaço extraordinário para o crescimento. Portanto, a máxima "Você pode ser tudo o que quiser" talvez fique mais precisa assim: *Você **não pode** ser o que quiser – mas **pode** ser bem mais do que já é.*

A zona dos pontos fortes

Nas últimas décadas, o Gallup estudou como o talento pode ser aplicado em uma ampla variedade de papéis, de caseiro a presidente de empresa, de sacerdote a funcionário do governo. Pesquisamos quase todas os grandes países, culturas, setores e cargos. A boa-nova é que descobrimos grandes exemplos de heróis que estão se destacando graças a seus pontos fortes em todo tipo de função. Em todas as áreas, ter oportunidade de desenvolver os próprios pontos fortes é mais importante para o sucesso do que o cargo, o título ou mesmo o salário. Numa sociedade cada vez mais voltada para o talento, precisamos conhecer e desenvolver nossos pontos fortes para entender onde nos encaixamos.

Dito isso, em todos os setores que estudamos, a vasta maioria dos indivíduos não tem oportunidade de se concentrar no que faz de melhor. Entrevistamos mais de 10 milhões de pessoas sobre esse tópico específico e *aproximadamente 7 milhões estão aquém das expectativas.*

O que acontece quando você não está na "zona dos pontos fortes"? Simplesmente se torna uma pessoa diferente. Na vida profissional, você se torna *seis vezes* menos propenso a se envolver em suas tarefas. Quando não é capaz de usar seus pontos fortes no trabalho, é provável que você:

- deteste ir para o trabalho;
- tenha mais interações negativas do que positivas com seus colegas;
- trate mal os clientes;
- diga aos amigos que trabalha numa empresa horrível;
- produza menos diariamente;
- tenha menos momentos positivos e criativos.

Além do mundo profissional, existem ainda mais implicações sérias para sua saúde e seus relacionamentos caso você não esteja na zona dos pontos fortes. E as pesquisas do Gallup demonstram como uma abordagem baseada em pontos fortes aumenta sua confiança, seu direcionamento, sua esperança e sua gentileza em relação a outras pessoas.

Então por que todo mundo não leva a vida a partir do que faz de melhor? Um grande problema é que a maioria das pessoas desconhece ou é incapaz de descrever os próprios pontos fortes – ou os dos que estão à sua volta.

Seus temas de talento

"A maioria das pessoas acha que sabe o que elas fazem bem. Em geral, estão enganadas... E, no entanto, o desempenho de alguém só pode ser baseado em seus pontos fortes."

– PETER DRUCKER (1909-2005), considerado o pai da administração moderna

Em meados dos anos 1960, meu falecido mentor Don Clifton, pai da psicologia dos pontos fortes, percebeu que já tínhamos incontáveis "linguagens" para descrever o que havia de errado com as pessoas. Além dos rótulos informais usados por aqueles que nos cercam, o campo da psicologia tem o DSM-IV, manual de transtornos descrito por um importante psicólogo como "um catálogo volumoso do que há de errado com as pessoas". O mundo dos negócios tem milhares de modelos de competências, a maioria deles orientada para descrever o que não funciona (embora esses rótulos sejam com frequência mascarados como "áreas para desenvolvimento").

Em 1998, para estimular mais conversas sobre o que há de *certo* com as pessoas, Clifton reuniu uma equipe de cientistas e estabeleceu o objetivo ambicioso de desenvolver uma linguagem comum para o talento. O grupo queria que os indivíduos e as organizações dispusessem de termos bem específicos para descrever o que as pessoas fazem bem. Então garimpamos nossa base de dados, que a essa altura contava com mais de 100 mil entrevistas sobre talento, e procuramos padrões. Examinamos perguntas específicas que tinham sido usadas em nossos estudos de executivos, vendedores, representantes de atendimento ao cliente, professores, médicos, advogados, estudantes, enfermeiros e diversos profissionais de outras áreas de atuação, todos bem-sucedidos. Por meio desse processo, fomos capazes de identificar 34 temas de talento que eram os mais comuns em nossa base de dados. Em seguida, desenvolvemos a primeira versão do teste *CliftonStrengths – Descubra seus pontos fortes* para medir esses talentos distintos.

Esses 34 temas representam nossa melhor tentativa de criar uma linguagem comum ou uma classificação de talentos. Não pretendemos de forma alguma ter esgotado o tema. Há centenas de temas ainda mais específicos que não incluímos nessa classificação. Porém queríamos que a linguagem fosse administrável o suficiente para que pudesse ser usada com facilidade junto a grupos de trabalho, famílias e amigos.

O que o teste *CliftonStrengths* mede, de fato, é o talento. Mas o objetivo final é construir um ponto forte verdadeiro, e o talento é apenas um dos ingredientes dessa fórmula. A avaliação não questiona seu conhecimento – não há perguntas sobre educação formal, diplomas ou currículo. Nem questiona suas habilidades – se você sabe dirigir um automóvel, usar um software específico ou vender determinado produto. Embora sejam importantes, descobrimos que conhecimento e habilidades – acompanhados por uma prática regular – são mais úteis quando servem para amplificar talentos naturais.

Ao fazer o teste, você tem apenas 20 segundos para responder cada item. O tempo é curto porque descobrimos que as respostas intuitivas, as primeiras que vêm à cabeça, são mais reveladoras do que as que você daria se pudesse se deter e refletir sobre cada pergunta. Essencialmente, o teste tenta identificar suas respostas naturais mais consistentes, menos propensas a sofrer alterações ao longo do tempo.

Uma receita para o ponto forte

Embora as pessoas com certeza *mudem* com o tempo e nossa personalidade se adapte, cientistas descobriram que nossas características mais essenciais são relativamente estáveis durante a vida adulta, assim como nossas paixões e nossos interesses. Pesquisas mais recentes sugerem que as raízes de nossa personalidade podem estar visíveis bem antes do que se imaginava originalmente. Um impressionante estudo longitudinal, conduzido durante 23 anos com mil crianças na Nova Zelândia, revelou que a personalidade observada aos 3 anos demonstra notável semelhança com os traços apresentados aos 26 anos.[1] Essa é uma das razões pelas quais o teste *CliftonStrengths* mede os elementos de sua personalidade menos propensos a sofrer alterações: seus talentos.

O conhecimento, as habilidades e a prática também têm um papel importante na equação dos pontos fortes. Sem dados básicos em sua mente e sem dispor de habilidades, o talento pode

---

1 Caspi, A.; Harrington, H.; Milne, B.; Amell, J. W.; Theodore, R. F.; Moffitt, T. E. "Children's behavioral styles at age 3 are linked to their adult personality traits at age 26." *Journal of Personality*, 2003; 71(4):495-513.

permanecer inexplorado. Felizmente, é muito fácil acrescentar conhecimentos e habilidades a seu repertório. Sempre é possível fazer um curso para compreender o básico sobre finanças ou aprender o funcionamento de um novo software. Transformar seus talentos em autênticos pontos fortes também exige prática e dedicação, mais ou menos como o esforço necessário para aumentar nossa força física. Por exemplo, se você nasceu com o potencial para desenvolver os bíceps e não exercita esses músculos com regularidade, eles não se desenvolverão. Porém, se treiná-los *com a mesma dedicação* de alguém desprovido do potencial natural, certamente terá um retorno maior.

Entretanto, com o talento bruto a história é muito diferente. Embora seja possível, com trabalho considerável, desenvolver mais talento onde originalmente existe pouco, nossa pesquisa sugere que talvez essa não seja a forma mais proveitosa de empregar seu tempo. Ao contrário, descobrimos que as pessoas mais bem-sucedidas partem de um talento dominante – e então acrescentam habilidades, conhecimento e prática ao pacote. Quando agem dessa forma, o talento bruto serve como *multiplicador*.

Talento (uma maneira natural de pensar, sentir ou se comportar)

X

Investimento (tempo dedicado à prática e ao desenvolvimento de suas habilidades e de sua base de conhecimentos)

=

Ponto forte (capacidade de apresentar de modo consistente um desempenho próximo à perfeição)

Voltemos então a Rudy Ruettiger, um exemplo clássico de trabalho duro como forma de compensar a falta de talento natural para alcançar um nível básico de competência. Numa escala de 1 a 5 para aferir investimento (tempo dedicado à prática e ao desenvolvimento de conhecimentos e habilidades), Rudy deve ter marcado um 5, a nota máxima. Imaginemos, porém, que ele recebesse apenas um 2 na escala de talento. Assim, seu potencial máximo para desenvolver um ponto forte nessa área seria de apenas 10 (5×2), apesar de atingir a nota mais alta possível na escala de investimento. É provável que Rudy tivesse companheiros de equipe que fossem exatamente o contrário – tinham 5 em talento e apenas 2 em tempo investido, o que é nitidamente um desperdício de talento. E, de vez em quando, surge um jogador como o grande Joe Montana, da Notre Dame, que tinha talento natural de sobra combinado com dedicação e as melhores oportunidades possíveis para se desenvolver. Tal combinação da nota 5 nas duas áreas – que resulta na pontuação de 25, comparada aos 10 de Rudy – é o que pode elevar alguém a um patamar completamente diferente.

Embora reconheçamos que as pessoas são diferentes, com frequência não damos a devida atenção a esse fato crucial. É relativamente fácil descrever a expertise adquirida, mas a maioria de nós tem dificuldade para descrever os próprios talentos naturais. Se você acha difícil nomear todos os seus talentos, tente olhar com certo distanciamento, e verá que eles costumam ter algo em comum – um tema – que os conecta. Alguns deles – como a tendência natural a compartilhar pensamentos, criar histórias envolventes e encontrar a palavra certa – estão diretamente ligados à comunicação. É o que eles têm em comum: seu tema. Então, para começar a pensar e a falar sobre eles, podemos chamá-los de talentos de Comunicação. Outros – como a confiabilidade, o respeito a compromissos firmados, a propensão a não arranjar desculpas – podem ser identificados como talentos de Responsabilidade. Essa linguagem temática nos fornece um ponto de partida para a descoberta de nossos talentos naturais e para um aprendizado mais profundo sobre nossos pontos fortes em potencial.

Administrando fraquezas

Qualquer que seja sua ocupação ou seu cargo, é útil saber em quais áreas você tem menos talento. Principalmente se as demandas de seu trabalho o empurram naquela direção, pois esses pontos fracos podem levar a deficiências. Ao estudar as descrições dos 34 temas, veja se consegue identificar alguns em que claramente lhe falta talento e há pouco potencial para que venham a se transformar em pontos fortes. Em muitos casos, estar ciente dessas áreas pode ajudar a evitar grandes obstáculos.

Assim que você reconhece, por exemplo, que não é excelente no cuidado com os detalhes, abrem-se diversas oportunidades para aprender a lidar com essa deficiência. A primeira pergunta que você deve fazer a si mesmo é se existe de fato necessidade de operar em tal área. Se for possível simplesmente evitar trabalhos que exijam grande cuidado com os detalhes, não hesite em fazê-lo. É bem verdade que a maioria das pessoas não pode se dar ao luxo de se abster de tarefas necessárias porque lhes faltam as qualidades naturais para desempenhá-las bem. Quando for preciso atentar para os detalhes, talvez seja necessário que você estabeleça um sistema para administrar esse "ponto fraco" e manter tudo nos trilhos. Se o cumprimento de sua programação diária é um sofrimento, existem diversas opções, desde agendas até calendários eletrônicos.

Outra estratégia pode ser se associar a alguém com maior talento nas áreas em que você tem deficiências. Por exemplo, o tema da Inclusão é complicado para mim. As pessoas que possuem esse talento são ótimas em garantir que todos se sintam incluídos como parte integrante do trabalho em equipe. Já eu costumo me apressar em reunir um grupo sem considerar todos os envolvidos e, em muitos casos, fazendo com que algumas pessoas se sintam excluídas. Por isso aprendi a me associar à minha colega Amanda, que é excelente com seus talentos de Inclusão. Ela me ajuda a pensar em incluir pessoas que eu não teria considerado. Em muitos casos, isso nos ajudou a descobrir talentos ocultos e a formar uma equipe mais forte.

Pontos cegos

Também é essencial tentar se tornar mais ciente de qualquer "ponto cego" provocado por seus talentos. Por exemplo, aqueles que são fortes no tema Comando talvez não percebam os danos que causam enquanto se esforçam para executar as tarefas do dia a dia. Ou então as pessoas com talentos dominantes de Excelência se concentram tanto em uniformizar as etapas que acabam ignorando o resultado geral ou o objetivo.

Assim, embora nossos talentos sirvam principalmente para nos manter num bom caminho, às vezes eles nos desviam de nossos propósitos. Na Parte II, você encontrará 10 *ideias para ação* relacionadas a cada um dos 34 temas. Muitas dessas sugestões o ajudarão quando você estiver à procura de pontos cegos que podem resultar de seus talentos dominantes. O segredo é ter consciência *tanto* de seu potencial *quanto* de suas limitações.

O teste, o site e o guia de desenvolvimento

A análise de milhões de entrevistas do *CliftonStrengths* permitiu que refinássemos o teste até chegar a uma versão mais rápida e mais precisa. Também estamos trabalhando para colher percepções mais avançadas das centenas de informações que reunimos quando você faz a avaliação.

Embora os 34 temas nos ajudem a descrever em boa medida a variação no talento humano, eles não captam muitas nuances de personalidades singulares. Você e alguns amigos podem ter Estudioso entre os cinco temas principais, mas os detalhes desse talento e a forma como se expressa variam muito de pessoa para pessoa: um de vocês talvez aprenda a partir da leitura mensal de diversos livros, enquanto outro pode preferir partir logo para a prática e outro ainda manifeste esse talento por meio de uma curiosidade insaciável, usando o Google para fazer todo tipo de pesquisa.

Para ajudá-lo a ver seus próprios talentos em um nível mais específico e individualizado, acrescentamos mais de 5 mil *Percepções de pontos fortes*. Com base nas combinações específicas de suas respostas às perguntas do teste, essas percepções fornecerão uma análise aprofundada da forma como os seus cinco temas principais se apresentam na sua vida. No lugar das descrições compartilhadas do tema, que acompanhavam o teste original e que são iguais para todo mundo, as descrições no seu relatório *CliftonStrengths* atualizado são customizadas para descrever a *sua* personalidade.

Para criar essas descrições altamente personalizadas, comparamos todas as suas respostas com as mais de 5 mil *Percepções de pontos fortes* disponíveis em nossa colossal base de dados. Assim construímos suas descrições de tema com base *naquilo que mais destaca você*. Ao contrário dos seus cinco temas de talento principais, que provavelmente coincidem com os de pessoas que você conhece e que servem ao importante propósito de fornecer uma linguagem comum, as *Percepções de pontos fortes* tratam daquilo que torna você uma pessoa singular.

Depois de ter concluído o teste *CliftonStrengths*, você terá acesso a relatórios, ferramentas e recursos que poderá utilizar para aprender mais sobre seus pontos fortes. E receberá um abrangente guia de desenvolvimento de pontos fortes que inclui:

- O relatório de seus cinco temas principais, criado a partir das descrições atualizadas das *Percepções de pontos fortes*.
- O relatório das suas *Percepções de pontos fortes*, com descrições detalhadas do que faz você se destacar.
- *Ideias para ação* (10 para cada um de seus cinco temas principais), baseadas em milhares de sugestões de boas práticas que examinamos.

Considerações finais

Nossos talentos naturais e nossas paixões – aquilo que realmente amamos fazer – duram a vida inteira. Mas, com frequência, nossos talentos não são explorados. Mark Twain certa vez descreveu um homem que morreu e encontrou São Pedro nos portões do paraíso. Sabendo que São Pedro era muito sábio, o homem lhe fez a pergunta que o intrigara durante toda a vida:

– São Pedro, há muitos anos tenho grande interesse em história militar – disse ele. – Quem foi o maior general de todos os tempos?
São Pedro rapidamente respondeu:
– Ah, essa é uma pergunta simples. É aquele sujeito que está bem ali.
– O senhor deve estar enganado – respondeu o homem, perplexo. – Eu o conheci na Terra e ele era apenas um trabalhador comum.
– É isso mesmo, meu amigo – garantiu São Pedro. – Ele teria sido o maior general de todos os tempos *se tivesse sido um general.*

Essa história ilustra uma verdade que, infelizmente, é muito comum. São muitos os que durante a vida inteira seguem uma direção errada. São pessoas que vão do berço ao leito – e depois ao caixão – sem descobrir seus maiores talentos e seu potencial.

Por isso é essencial não apenas descobrir seus talentos e desenvolver seus pontos fortes o mais cedo possível, mas também ajudar quem está à sua volta a cultivar os próprios talentos naturais. Seja levando um amigo a perceber que ele costuma ter novas ideias naturalmente, apoiando um colega que procura aproveitar melhor seus talentos no trabalho ou mostrando a um jovem que sua competitividade pode ser uma vantagem, não um problema, essas ações começarão a mudar o mundo que o cerca. Todo ser humano possui talentos prestes a serem descobertos.

PARTE II

Seus pontos fortes na prática

Os 34 temas e ideias para ação

Adaptabilidade

Analítico

Ativação

Autoafirmação

Carisma

Comando

Competição

Comunicação

Conexão

Contexto

Crença

Desenvolvimento

Disciplina

Empatia

Estudioso
Excelência
Foco
Futurista
Harmonia
Ideativo
Imparcialidade
Inclusão
Individualização
Input
Intelecção
Organização
Pensamento Estratégico
Positivo
Prudência
Realização
Relacionamento
Responsabilidade
Restauração
Significância

Adaptabilidade

Você vive o momento. Para você, o futuro não é um destino preestabelecido, mas algo que vai criando a partir das decisões que toma no presente. E assim, de escolha em escolha, você descobre seu futuro. Isso não significa que não tenha planos. Provavelmente tem. Mas o tema Adaptabilidade o capacita a reagir bem às exigências do momento, mesmo quando elas o afastam de seus planos. Ao contrário de algumas pessoas, você não se aborrece com exigências de última hora ou desvios inesperados. Você conta com eles – são inevitáveis! Na realidade, até gosta disso. No fundo, você é uma pessoa muito flexível, capaz de permanecer produtiva mesmo quando as necessidades do trabalho o puxam em várias direções diferentes ao mesmo tempo.

A Adaptabilidade é assim:

Marie T., produtora de televisão: "Adoro TV ao vivo porque nunca se sabe o que vai acontecer. Num minuto posso estar preparando um bloco sobre os melhores presentes para adolescentes e, no minuto seguinte, estar fazendo a pré-entrevista de um candidato à Presidência da República. Acho que sempre fui assim. Vivo o momento. Se alguém me pergunta 'O que você vai fazer amanhã?', minha resposta é sempre: 'Ora, não sei. Depende do que estiver com vontade de fazer.' Deixo meu namorado louco porque ele planeja uma visita à feira de antiguidades no domingo à tarde, por exemplo, e, no último minuto, mudo de ideia e digo: 'Negativo. Vamos para casa ler os jornais de domingo.' Irritante, não é? É, sim, mas o lado positivo é que estou sempre pronta para o que der e vier."

Linda G., gerente de projetos: "Na empresa em que trabalho, sou a pessoa mais calma. Quando alguém vem e diz 'Não planejamos direito. Temos de mudar tudo até amanhã', meus colegas parecem ficar tensos e paralisados. Por algum motivo, isso não acontece comigo. Gosto dessa pressão, dessa necessidade de uma reação instantânea. Isso faz com que eu me sinta viva."

Peter F., coach corporativo: "Acho que lido com a vida melhor que a maioria das pessoas. Semana passada, a janela do meu carro foi quebrada e roubaram o equipamento de som. Fiquei chateado, claro, mas não deixei que isso estragasse meu dia. Simplesmente resolvi o assunto, parei de pensar no problema e fui tratar das coisas que tinha para fazer."

Ideias para ação

- Cultive sua reputação de alguém que mantém a calma e a tranquilidade quando os outros ficam aborrecidos pelos acontecimentos do dia.
- Evite funções que exijam estrutura e previsibilidade. Esses

cargos rapidamente o deixarão frustrado, farão com que se sinta inadequado e sufocarão sua independência.

- Nos momentos de pressão, ajude amigos, colegas e clientes hesitantes a encontrar meios de ficar mais tranquilos e assumir o controle da situação. Explique que a adaptabilidade é mais do que a simples capacidade de dançar conforme a música. Significa reagir às circunstâncias com calma, inteligência e rapidez.

- Não deixe que os outros abusem da sua flexibilidade natural. Embora seus talentos de Adaptabilidade sejam úteis, não comprometa seu sucesso a longo prazo curvando-se a cada capricho, desejo e exigência dos outros. Estabeleça regras inteligentes para ajudá-lo a decidir quando ser flexível e quando se manter firme.

- Procure funções em que o sucesso dependa da reação adequada a circunstâncias em constante mudança. Considere carreiras como o jornalismo, produção de TV ao vivo, atendimento de emergência em hospitais e atendimento ao cliente. Nessas posições, os melhores profissionais reagem mais rápido e mantêm a calma.

- Aprimore sua capacidade de reação. Por exemplo, se seu trabalho exige viagens inesperadas, aprenda a fazer a mala e partir em 30 minutos. Se a pressão no trabalho costuma surgir de maneira imprevisível, pratique as três primeiras coisas que sempre fará nessas situações.

- Associe-se a outras pessoas na hora do planejamento. Pessoas fortes nos talentos Foco, Pensamento Estratégico ou Crença podem ajudá-lo a moldar seus objetivos de longo prazo, permitindo que você se supere ao lidar com as constantes mudanças do cotidiano.

- Seus talentos de Adaptabilidade lhe fornecem uma atitude estável que lhe permite passar por altos e baixos sem se transformar em um vulcão emocional. Sua abordagem de "não chorar pelo leite derramado" o ajuda a se recuperar depressa das adversidades. Reconheça esse aspecto de sua natureza e ajude seus amigos e colegas a compreender que se trata de uma flexibilidade produtiva, não indiferença.
- Evite tarefas que são muito estruturadas e sufocam sua necessidade de variedade. Se lhe derem uma lista de coisas para fazer, tente satisfazer seu desejo de flexibilidade transformando-a em uma espécie de jogo. Veja se consegue ser criativo ou encontrar um jeito de tornar as tarefas mais divertidas.
- Use abertamente sua atitude tranquilizadora para acalmar amigos e colegas descontentes. Pense no tipo de abordagem que você já usou e lembre-se de empregá-lo novamente quando a situação se repetir.

Como trabalhar com quem se destaca no tema Adaptabilidade

- Pessoas com boa Adaptabilidade têm uma natureza instintivamente flexível, o que as torna valiosas em praticamente qualquer equipe. Quando os planos falham, elas se ajustam às novas circunstâncias e tentam seguir em frente em vez de ficar sentadas pelos cantos, amuadas.
- Com sua disposição a "dançar conforme a música", as pessoas com boa Adaptabilidade podem criar um ambiente

maravilhoso no qual os outros sejam levados a experimentar e aprender.

- Pessoas com boa Adaptabilidade são mais produtivas em tarefas de curta duração que exigem ação imediata. Em vez de esforços prolongados, elas preferem uma vida repleta de pequenos desafios.

Analítico

Seu tema desafia os outros: "Prove. Mostre que o que você afirma é verdadeiro." Diante desse tipo de questionamento, alguns vão descobrir que suas brilhantes teorias murcham e morrem. Para você, é exatamente essa a intenção. Não que você queira necessariamente destruir as ideias dos outros, mas faz questão de que as teorias deles sejam consistentes. Você se considera objetivo e desapaixonado. Gosta de dados porque eles não têm juízo de valor, não têm segundas intenções. De posse deles, você busca padrões e conexões. Quer compreender como certos padrões influenciam um ao outro. Como eles se combinam? Qual é o resultado? Esse resultado se ajusta à teoria que está sendo proposta ou à situação que está sendo tratada? Essas são as perguntas que você faz a si mesmo. Você desbasta as camadas até que aos poucos a causa ou as causas que estão na raiz da questão sejam reveladas. Os outros o veem como uma pessoa lógica e rigorosa. Ao longo do tempo, terão o costume de procurá-lo para submeter o pensamento "fantasioso" ou "desajeitado" de terceiros à sua mente analítica. Mas vão esperar que sua análise nunca seja apresentada de forma excessivamente severa. Senão poderão evitá-lo quando o pensamento "fantasioso" for deles.

O Analítico é assim:

José G., administrador escolar: "Tenho uma capacidade inata de enxergar estruturas, formatos e padrões antes que eles existam. Por exemplo, quando alguém me fala sobre escrever um pedido para uma bolsa de estudos, instintivamente meu cérebro vai processando, enquanto escuto, os tipos de bolsa disponíveis e como aquela pessoa se encaixa nas condições de elegibilidade, indo até a maneira de apresentar as informações no formulário do pedido de um jeito que seja claro e convincente."

Jack. T., executivo de recursos humanos: "Se faço uma afirmação, preciso saber que posso respaldá-la com fatos e um raciocínio lógico. Por exemplo, se alguém diz que nossa empresa está pagando menos que outras, eu sempre pergunto: 'Por que está dizendo isso?' Se me respondem 'Bem, vi um anúncio no jornal que oferece em média 5 mil a mais para engenheiros mecânicos', eu pergunto: 'Mas onde esses profissionais vão trabalhar? Para que tipo de empresa estão indo? São fábricas como a nossa? Quantas pessoas fazem parte dessa amostragem? Será que são apenas três pessoas, mas uma delas conseguiu um acordo muito bom e aumentou a média salarial geral?' São muitas as perguntas que preciso fazer para me assegurar de que alegações desse tipo são na verdade um fato, não apenas uma má interpretação dos dados."

Leslie J., diretora de escola: "Muitas vezes há inconsistências no desempenho do mesmo grupo de alunos de um ano para outro. São exatamente os mesmos garotos, mas as notas variam. Como isso pode acontecer? Em que prédio as crianças estão estudando? Quantas foram matriculadas para todo o ano letivo? Quem são seus professores e que propostas de ensino foram usadas por esses docentes? Eu adoro fazer perguntas como essas para entender o que está acontecendo de fato."

Ideias para ação

- Escolha profissões em que você seja pago para analisar dados, encontrar padrões ou organizar ideias. Por exemplo, você pode ser excelente em marketing, em pesquisas financeiras ou médicas, em gerenciamento e edição de bancos de dados ou em gestão de riscos.
- Qualquer que seja sua função, identifique fontes confiáveis em que possa se basear. Você tem grande chance de ser bem-sucedido quando conta com fontes de informação bem pesquisadas e com números que apoiam seu raciocínio. Você pode, por exemplo, escolher os livros, sites e publicações mais úteis para usar como referência.
- Sua mente está constantemente trabalhando e produzindo análises perspicazes. Os outros sabem disso? Descubra a melhor forma de expressar seus pensamentos: por escrito, em conversas particulares, discussões em grupo ou talvez em palestras e apresentações. Agregue valor a seus pensamentos comunicando-os.
- Garanta que sua coleta de informações e suas análises sempre levem à aplicação e à implementação. Se isso não for um processo natural para você, encontre um parceiro que o estimule a passar da teoria à prática, do pensamento à ação. Essa pessoa o ajudará a evitar que seu hábito de analisar tudo se transforme em paralisia.

- Faça um curso ou uma faculdade que amplie seus talentos analíticos. Estude especificamente pessoas cujo raciocínio você admira.
- Ofereça seus talentos analíticos voluntariamente. Você pode ser particularmente útil a pessoas que têm dificuldade para organizar grandes quantidades de informação ou para estruturar as próprias ideias.
- Associe-se a alguém com fortes talentos de Ativação. A impaciência dessa pessoa fará com que você avance com maior rapidez da fase analítica para a fase prática.
- Você costuma permanecer cético até ver provas concretas. Isso garante a validade da ideia, mas algumas pessoas podem levar seu comportamento para o lado pessoal. Ajude-as a perceber que o ceticismo diz respeito às informações, não a elas.
- Procure padrões nos dados. Veja se consegue discernir um tema que se repete, um precedente ou alguma relação em sequências de pontuações ou números. Ao ligar os pontos e inferir uma ligação causal, talvez você consiga ajudar outras pessoas a ver esses padrões.
- Ajude os outros a compreender que sua abordagem analítica exige dados e informações capazes de sustentar, com um raciocínio lógico, as novas ideias que eles possam sugerir.

Como trabalhar com quem se destaca no tema Analítico

- Quando pessoas boas no tema Analítico se envolverem em decisões importantes, reserve um tempo para pensar nas questões junto com elas, já que vão querer conhecer os principais fatores envolvidos.

- Ao defender uma decisão ou um princípio, mostre a pessoas com talento Analítico os números que sustentam seu pensamento. Elas instintivamente atribuem maior credibilidade a informações que vêm acompanhadas de números.
- Como a precisão é muito importante para os Analíticos, executar uma tarefa da forma correta pode ser mais importante do que cumprir um prazo. Assim, à medida que o prazo final for se aproximando, verifique regularmente com eles o andamento da tarefa para garantir que tenham o tempo necessário para realizá-la com precisão.

Ativação

"Quando podemos começar?" Essa é uma pergunta recorrente em sua vida. Você está sempre impaciente para entrar em ação. Pode até reconhecer que a análise tem a sua utilidade ou que o debate e a argumentação conseguem ocasionalmente oferecer algumas percepções valiosas, mas no fundo sabe que só a ação é real. Só a ação faz com que as coisas aconteçam. Só a ação leva à performance. Para você, é impossível não agir assim que uma decisão é tomada. Outros podem se preocupar, pensando que "ainda existem algumas coisas que não sabemos", mas isso não é suficiente para deter você. Se foi tomada a decisão de ir até o outro lado da cidade, você sabe que o caminho mais rápido é ir parando a cada sinal de trânsito. Você não vai ficar sentado esperando até que todos os sinais estejam verdes. Além do mais, na sua forma de ver, ação e pensamento não são opostos. Na verdade, guiado pelo tema Ativação, você acredita que a ação é o melhor instrumento para a aprendizagem. Você toma uma decisão, parte para a ação, analisa o resultado e aprende. Esse aprendizado fundamenta seu passo seguinte e o próximo. Como poderia crescer se não houvesse nada contra o que reagir? Bem, você acredita que não poderia. É necessário entrar em ação. Dar o próximo passo. Esse é o único meio de manter seu pensamento fresco e atualizado. A questão é: você sabe que será julgado não pelo que diz, não pelo que pensa, mas pelo que conseguiu fazer. Isso não o assusta. Isso lhe agrada.

A Ativação é assim:

Jane C., monja beneditina: "Quando eu era prioresa, nos anos 1970, passamos por uma crise de energia elétrica e os custos dispararam. Tínhamos um terreno de 57 hectares e eu caminhava pela área todos os dias ponderando o que devíamos fazer para resolver o problema. De repente, decidi que, se tínhamos tanta terra, devíamos fazer perfurações e extrair nosso próprio combustível. Foi o que fizemos. Gastamos 100 mil dólares para perfurar um poço para explorar gás. Se você nunca perfurou um poço, é provável que também não saiba o que eu ignorava na época: que é preciso dispender 70 mil dólares na perfuração apenas para verificar se existe gás na propriedade. Assim, cavaram com uma espécie de câmera vibratória e confirmaram que havia mesmo um reservatório de gás no local. Mas não sabiam dizer a dimensão nem se havia pressão suficiente para trazê-lo até a superfície. 'Por mais 30 mil dólares, vamos tentar ativar o poço', disseram. 'Se não quiser, fechamos tudo e levamos seus 70 mil dólares para casa.' Então paguei os 30 mil dólares restantes e, felizmente, conseguimos extrair o gás. Isso foi há 20 anos, e até hoje o poço é produtivo."

Jim L., empresário: "Algumas pessoas veem minha impaciência como má vontade em dar ouvidos aos riscos e aos prováveis obstáculos que encontraremos. O que continuo repetindo é:

'Quero saber quando vou quebrar a cara e preciso que você me diga quanto isso vai doer. Mas se, mesmo assim, eu preferir dar com a cara na parede, não se preocupe – você fez a sua parte. Eu só precisava viver a experiência na própria pele.'"

Ideias para ação

- Procure um trabalho em que você possa tomar as próprias decisões e implementá-las. Procure especificamente por startups ou empresas que precisam passar por uma mudança de rumo.
- No trabalho, garanta que seu gestor o avalie por resultados mensuráveis, não pelo processo. Seu processo nem sempre é muito elegante.
- Você consegue transformar ideias inovadoras em ação imediata. Procure pensadores criativos e originais, e ajude-os a transpor suas ideias do campo teórico e conceitual para a prática concreta.
- Procure áreas que estejam atoladas em discussões ou paralisadas por obstáculos. Encerre o impasse criando um plano para fazer as coisas andarem e estimular todos a entrar em ação.
- Você aprende mais através de experiências reais do que com discussões teóricas. Para crescer, exponha-se conscientemente a experiências desafiadoras que testarão seus talentos, suas habilidades e seus conhecimentos.
- Lembre-se que, embora a tenacidade seja poderosa, ela pode intimidar algumas pessoas. Seus talentos de Ativação

serão mais eficientes quando você já tiver conquistado a confiança e a lealdade dos outros.
- Identifique os tomadores de decisões mais influentes na sua organização. Faça questão de almoçar com cada um deles pelo menos uma vez a cada três meses para compartilhar suas ideias. Eles podem apoiá-lo na Ativação e fornecer recursos essenciais para que suas ideias sejam postas em prática.
- Você facilmente consegue infundir uma boa dose de energia nos planos e nas ideias dos outros. Considere associar-se a pessoas cujos temas de destaque sejam Foco, Futurista, Pensamento Estratégico ou Analítico. Elas darão direcionamento e planejamento à sua Ativação, criando assim a oportunidade de construir consenso e obter a adesão de outros ao seu plano. Ao se unirem, vocês se complementam.
- Informe as razões pelas quais seus chamados à ação devem ser atendidos. De outro modo, você poderá ser visto apenas como impaciente, impulsivo e inconsequente.
- Você possui a capacidade de criar movimento e dar ímpeto aos outros. Seja estratégico e sábio ao usar seus talentos de Ativação. Qual é a melhor hora, qual é o melhor lugar e quem são as melhores pessoas para alavancar com sua valiosa influência?

Como trabalhar com quem se destaca no tema Ativação

- Diga às pessoas com talentos de Ativação que você sabe que elas são capazes de fazer as coisas acontecerem e que você poderá pedir a ajuda delas em momentos críticos. Suas expectativas irão enchê-las de ânimo.

- Quando pessoas boas em Ativação se queixarem, ouça com atenção – é possível que você aprenda algo novo. Em seguida, traga-as para o seu lado falando sobre novas iniciativas que poderão ser comandadas por elas ou sobre aprimoramentos que poderão implementar. Faça isso de imediato, pois sem supervisão elas rapidamente podem perder o rumo e gerar negatividade.
- Pergunte às pessoas boas em Ativação quais são as novas metas ou melhorias que precisam ser alcançadas por sua equipe. Em seguida, ajude-as a ver quais passos elas podem dar para iniciar o progresso em direção a esses objetivos.

Autoafirmação

A Autoafirmação é similar à autoconfiança. Bem lá no fundo, você confia nos seus pontos fortes. Você sabe que é capaz – de assumir riscos, de enfrentar novos desafios, de reivindicar seus direitos e, principalmente, de cumprir o que promete. Mas a Autoafirmação é mais do que a confiança em si mesmo. Abençoado com o tema Autoafirmação, você confia não apenas nas suas habilidades, mas também em seu discernimento. Ao olhar para o mundo, sabe que sua perspectiva é clara e singular. E, como ninguém vê exatamente o que você vê, sabe que ninguém pode tomar decisões em seu lugar. Ninguém pode lhe dizer o que pensar. Podem orientar. Podem sugerir. Mas só você tem autoridade para chegar a conclusões, tomar decisões e agir. Essa autoridade, essa responsabilidade última pelo modo como leva a vida, não o intimida. Pelo contrário, ela lhe parece natural. Não importa o que aconteça, você sempre parece saber qual é a decisão correta a tomar. Esse tema lhe confere uma aura de certeza. Ao contrário de muita gente, você não se deixa abalar facilmente pelos argumentos dos outros, por mais persuasivos que possam ser. Dependendo de seus demais temas, a Autoafirmação pode ser silenciosa ou ruidosa – mas sempre é sólida. É forte.

Como a quilha de um navio, ela resiste a todas as pressões e o mantém no rumo certo.

A Autoafirmação é assim:

Pam D., **executiva do serviço público:** "Fui criada numa fazenda distante, em Idaho, e frequentei uma pequena escola rural. Um dia, ao chegar em casa depois da aula, anunciei à minha mãe que ia mudar de escola. Meu professor havia explicado que nossa escola tinha alunos demais e que três crianças teriam que passar para outra escola. Pensei por um momento naquilo, gostei da ideia de conhecer outras pessoas e decidi ser uma delas – embora isso significasse acordar meia hora mais cedo e viajar mais tempo no ônibus. Eu tinha 5 anos."

James K., **vendedor:** "Nunca volto atrás. Seja comprando um presente de aniversário ou uma casa, quando tomo minha decisão, é como se não tivesse outra opção. Só havia uma decisão a tomar e eu a tomei. É fácil para mim dormir à noite. Minha intuição é definitiva, enfática e muito persuasiva."

Deborah C., **enfermeira da emergência:** "Se temos um óbito na emergência, os colegas me chamam para lidar com a família por causa da minha segurança. Ontem mesmo, tivemos um problema com uma jovem psicótica que gritava como se estivesse possuída pelo demônio. As outras enfermeiras ficaram com medo, mas eu sabia o que fazer. Entrei e disse: 'Kate, vamos lá, deite-se. Vamos dizer o Baruch. É uma prece judaica. É assim: Baruch atá Adonai, Eloheinu melech ha-olam.' Ela respondeu: 'Diga devagar para que eu consiga repetir.' Fiz isso e ela repetiu.

Não era judia, mas acalmou-se. Recostou-se no travesseiro e disse: 'Obrigada. Era disso que eu precisava.'"

Ideias para ação

- Procure novos empreendimentos nos quais ainda não existam regras estabelecidas. Você se sente realizado quando lhe pedem que tome muitas decisões.
- Procure funções em que possa convencer outras pessoas do seu ponto de vista. Seus talentos de Autoafirmação (especialmente quando combinados aos temas Comando e Ativação) podem ser extremamente persuasivos. Você se encaixa bem em papéis de liderança, em vendas, em ambientes jurídicos e no empreendedorismo.
- Deixe sua autoconfiança aparecer. Ela pode ser contagiosa e ajudará no crescimento das pessoas à sua volta.
- Saiba que às vezes você terá dificuldade para traduzir em palavras sua certeza ou intuição, possivelmente levando outras pessoas a considerá-lo pretensioso. Explique que sua confiança não quer dizer que você não esteja aberto a ouvir outras opiniões. Pode não parecer, mas você deseja, sim, ouvir as ideias delas.
- Seu espírito independente pode fazer com que você se isole. Se isso acontecer, assegure-se de estar na frente ou se associe a alguém que possa ajudar os outros a perceber que seguir você pode ser benéfico.
- Associe-se a alguém com fortes talentos nos temas Pensamento Estratégico, Prudência ou Futurista. Essa pessoa pode ajudá-lo a avaliar com quais metas se comprometer.

Você precisa dessa ajuda, pois, assim que põe os olhos em um objetivo, é provável que não pare até conquistá-lo.

- Seu imenso esforço e as longas horas de dedicação são resultados naturais da paixão e da confiança que você sente em relação a seu trabalho. Não parta do princípio de que os outros se comportam da mesma forma.
- Você pode ser o elemento decisivo quando as coisas ficam agitadas e dispersivas. Nos momentos de caos, demonstre e compartilhe intencionalmente a calma e a certeza que existem dentro de você. Isso fará com que os outros se sintam seguros e reconfortados.
- Estabeleça metas ambiciosas. Não hesite em buscar aquilo que outros julgam ser impraticável ou impossível, mas que você percebe como audacioso, emocionante e – o mais importante – realizável com um esforço heroico e um pouco de sorte. Seus talentos de Autoafirmação podem levá-lo a realizações que você sequer imaginaria se não contasse com eles.
- Você não tem muita necessidade de orientação e apoio por parte dos outros. Isso pode fazer com que seja particularmente eficiente em situações que exigem pensamento e ação independentes. Reconheça e contribua ativamente com seus talentos de Autoafirmação quando a confiança e o autocontrole forem essenciais.

Como trabalhar com quem se destaca no tema Autoafirmação

- Se estiver trabalhando numa equipe com pessoas com

talentos de Autoafirmação, dê a elas espaço para tomar decisões. Elas não precisam nem vão querer que alguém as leve pela mão.

- Ajude as pessoas boas em Autoafirmação a entender que suas decisões e ações têm consequências. Elas são mais eficientes quando acreditam que estão no controle de seu mundo. Destaque as práticas que funcionam.
- Embora a autoconfiança que essas pessoas exibem com frequência possa ser útil, se exagerarem ou cometerem grandes erros de avaliação, não deixe de lhes apontar o problema imediatamente. Elas precisam de feedback claro para pautar sua intuição.

Carisma

Ter carisma significa saber conquistar os outros. Você gosta do desafio de conhecer pessoas novas e fazê-las gostar de você. Os desconhecidos raramente o assustam. Pelo contrário, podem ser estimulantes. Você se sente atraído por eles. Quer saber o nome deles, fazer perguntas e encontrar alguma área de interesse em comum para poder iniciar uma conversa e construir uma relação. Algumas pessoas evitam puxar assunto porque têm medo de ficar sem ter o que dizer. Você não. É raro ficar sem palavras e, mais do que isso, você realmente gosta de travar relações com desconhecidos porque encontra satisfação no ato de quebrar o gelo e estabelecer uma conexão. Uma vez feita essa conexão, fica muito feliz em dar a coisa por encerrada e seguir em frente. Há novas pessoas a conhecer, novos espaços para trabalhar, novas multidões às quais se misturar. Em seu mundo não há estranhos, só amigos que você ainda não encontrou – muitos amigos.

O Carisma é assim:

Deborah C., editora de livros: "Transformo em grandes amigos pessoas com quem cruzo na portaria. É terrível, eu sei, mas a sedução faz parte de quem eu sou. Todos os motoristas de táxi me pedem em casamento."

Marilyn K., reitora de faculdade: "Não acredito que esteja à procura de amigos, mas as pessoas me chamam de amiga. Telefono para alguém e falo 'Meu querido', e digo isso com sinceridade, porque é fácil para mim querer bem às pessoas. Mas amigos? Não tenho muitos. Não acho que os esteja procurando. Eu procuro conexões. E sou realmente boa nisso porque sei encontrar uma área de interesse em comum com as pessoas."

Anna G., enfermeira: "Acho que às vezes sou um pouco tímida. Geralmente, não sou eu quem dá o primeiro passo. Mas sei como deixar as pessoas à vontade. Boa parte do meu trabalho é apenas uma questão de bom humor. Se o paciente não está muito receptivo, faço o papel de comediante. Digo a um senhor de 80 anos: 'Olá, bonitão. Sente-se. Deixe-me tirar sua camisa. Muito bem. Tire a camisa. Uau, que peitorais tem este homem!' Com crianças, você tem que começar muito devagar e dizer algo como: 'Quantos anos você tem?' Se elas respondem '10', você diz: 'Jura? Quando eu era da sua idade, eu tinha 11' – bobagens como essas quebram o gelo."

Ideias para ação

- Escolha um trabalho no qual você possa interagir com muita gente no decorrer do dia.
- Construa deliberadamente uma rede de conhecidos. Cuide bem dela, procurando ter notícias de cada um pelo menos uma vez por mês.

- Entre para organizações locais, ofereça-se como voluntário para comitês e descubra como ser incluído nas listas sociais das pessoas influentes de sua região.
- Aprenda o nome do maior número possível de pessoas. Crie um arquivo com seus conhecidos e adicione nomes à medida que for apresentado a novas pessoas. Inclua alguma informação pessoal, como data de aniversário, cor favorita, hobby ou time.
- Em situações sociais, assuma a responsabilidade de deixar os mais tímidos à vontade.
- Encontre as palavras certas para explicar que networking é parte do seu estilo. Se não deixar isso claro, podem confundir seu comportamento e considerá-lo insincero, perguntando-se por que você age de forma tão amistosa.
- Associe-se a alguém com talentos dominantes de Relacionamento ou Empatia. Essa pessoa pode trazer solidez aos relacionamentos que você iniciar.
- Seus talentos de Carisma lhe dão a habilidade de aumentar a energia do ambiente onde você se encontra. Reconheça o poder de sua presença e sua capacidade de abrir portas para a troca de ideias. Ao iniciar simples conversas que envolvem outros e reúnem gente talentosa, seu desempenho subirá um ponto – ou vários.
- Os primeiros momentos de qualquer ocasião social são cruciais para estabelecer quão relaxadas as pessoas se sentirão e como se lembrarão do evento. Sempre que possível, seja um dos primeiros a ir ao encontro dos convivas. Sua capacidade para conhecer e receber pessoas vai ajudar a deixar todo mundo à vontade.
- Pratique formas de encantar e envolver os outros. Por

exemplo, pesquise sobre as pessoas a quem vai ser apresentado para poder falar de interesses em comum.

Como trabalhar com quem se destaca no tema Carisma

- Ajude pessoas com talentos de Carisma a conhecer gente nova todos os dias. Elas conseguem deixar os desconhecidos à vontade e confortáveis em sua organização.
- Se tiver necessidade de ampliar sua rede de amigos, busque aqueles com fortes talentos de Carisma. Eles o ajudarão a aumentar suas conexões e conseguir o que deseja.
- Entenda que pessoas com Carisma valorizam o fato de possuírem uma ampla rede de amigos. Se elas, ao serem apresentadas a você, o cumprimentarem e rapidamente seguirem em frente, não leve isso para o lado pessoal.

Comando

O tema Comando o leva a tomar a frente. Ao contrário de algumas pessoas, você não se sente mal em impor seus pontos de vista. Pelo contrário, assim que forma sua opinião, você precisa compartilhá-la com os outros. A partir do momento em que seu objetivo está definido, você não sossega até que todos estejam alinhados com seu pensamento. O confronto não o assusta – você sabe que esse é o primeiro passo para a resolução. Enquanto outros podem preferir não encarar as contrariedades da vida, você se sente impelido a expor os fatos ou a verdade, por mais desagradáveis que sejam. Tem necessidade de que as coisas fiquem claras entre as pessoas e insiste para que elas mantenham a lucidez e sejam francas. Você as empurra a assumir riscos e pode até intimidá-las. Embora alguns se ressintam disso e o rotulem de intolerante, com frequência os outros lhe entregam de bom grado as rédeas da situação. As pessoas se sentem atraídas por quem assume uma posição e lhes pede que sigam em determinada direção. Portanto vão se sentir atraídas por você. Você tem presença. Tem Comando.

O Comando é assim:

Malcolm M., gerente de hotel: "Uma das razões pelas quais impressiono as pessoas é a minha franqueza. Na realidade, elas dizem que, a princípio, eu as intimido. Depois que já estou trabalhando com elas há um ano, às vezes conversamos sobre isso. Elas dizem: 'Malcolm, quando comecei a trabalhar aqui, fiquei morrendo de medo.' Quando pergunto por quê, elas dizem: 'Nunca trabalhei com alguém que simplesmente dissesse as coisas assim. Não importa o que tenha de ser dito, você simplesmente diz.'"

Rick P., executivo do varejo: "Temos um programa de auxílio social em que você recebe 25 dólares se consumir menos de quatro bebidas alcoólicas por semana. Se não fumar, recebe 25 dólares por mês. Um dia, ouvi dizer que um dos meus gerentes de loja tinha voltado a fumar. Isso não era bom. Estava fumando na loja, dando mau exemplo para os empregados e embolsando os 25 dólares. Eu simplesmente não consigo guardar para mim coisas desse tipo. Não foi agradável, mas eu o confrontei de imediato, com toda a clareza: 'Pare de fazer isso ou será despedido.' Ele é um bom sujeito, mas você não pode permitir deslizes desse tipo."

Diane N., enfermeira especializada em pacientes terminais: "Não me vejo como uma pessoa tão assertiva assim, mas, sem dúvida, tomo iniciativas. Quando entra num quarto em que há alguém morrendo ao lado da família, você precisa tomar a frente. Eles querem que você faça isso. Estão um pouco em choque, um pouco assustados, um pouco em negação. Basicamente, estão confusos. Precisam que alguém lhes diga o que vai acontecer, o que podem esperar – que não vai ser divertido, mas que, no fim, tudo vai ficar bem. Não querem uma coisa tímida e delicada. Desejam clareza e franqueza. Eu lhes dou isso."

Ideias para ação

- Você sempre estará pronto para o confronto. Pratique as palavras, o tom de voz e as técnicas que transformarão sua capacidade para o confronto numa verdadeira arma de persuasão.
- Em seus relacionamentos, agarre as oportunidades de falar com franqueza, abertamente, sobre assuntos sensíveis. Sua disposição em não esconder a verdade pode se tornar uma fonte de força e constância para seus colegas e amigos. Esforce-se para se tornar conhecido por sua sinceridade.
- Peça a opinião das pessoas. De vez em quando, sua franqueza será intimidante, fazendo com que os outros pisem em ovos, com medo de sua reação. Preste atenção. Se necessário, explique que você é franco porque acha desconfortável guardar suas opiniões, não porque tenha vontade de assustar e silenciar os outros.
- Associe-se a alguém com fortes talentos nos temas Carisma ou Empatia. Nem todos os obstáculos precisam ser enfrentados; alguns podem ser contornados. Essa pessoa vai ajudá-lo a evitar obstáculos por meio de bons relacionamentos.
- Sua atitude de "tomar a frente" tranquiliza e reconforta os outros em tempos de crise. Ao enfrentar um desafio particularmente difícil, empregue seus talentos de Comando

para acalmar os temores das pessoas e convencê-las de que você tem tudo sob controle.

- Seus talentos de Comando podem incitá-lo a lutar pelas rédeas do poder porque você adora estar no banco do motorista. Mas lembre-se de que, mesmo que não esteja oficialmente no papel de líder, sua presença pode se tornar uma força invisível porém marcante.
- Tome a iniciativa e acabe com os gargalos. Os outros contam com seu espírito decidido para fazer com que as coisas andem. Ao remover os gargalos, você com frequência dá um novo impulso e leva a realizações que não teriam existido sem a sua presença.
- Considere assumir a liderança de um comitê. Você conta com ideias bem definidas sobre o que gostaria que acontecesse e consegue naturalmente influenciar um grupo e conquistar seguidores. Você se sente confortável liderando novas iniciativas.
- Procure funções em que será solicitado a persuadir os outros. Pondere se uma carreira em vendas não seria uma boa opção para você.
- Encontre uma causa em que você acredite e a apoie. Você pode se realizar defendendo uma causa que encontre alguma resistência.

Como trabalhar com quem se destaca no tema Comando

- Sempre peça às pessoas boas no tema Comando que façam uma avaliação do que está acontecendo em sua organização. É provável que respondam sem rodeios. No mesmo espírito, procure-as para que sugiram ideias diferentes das suas. Elas dificilmente terão uma postura bajuladora.

- Quando for preciso encerrar um projeto e fazer com que as coisas voltem a caminhar, ou quando as pessoas precisarem ser persuadidas, procure alguém com Comando para assumir a missão.
- Nunca ameace pessoas com destaque nesse tema, a menos que você esteja 100% seguro de que vai cumprir o que está dizendo.

Competição

A Competição se baseia na comparação. Ao olhar para o mundo, você está instintivamente consciente do desempenho dos outros. É o seu parâmetro final. Por mais que tenha se esforçado, por melhores que sejam suas intenções, se você alcança um objetivo, mas não supera seus pares, a realização parece não ter valor. Como todos os competidores, você precisa dos outros – porque precisa se comparar. Se você é capaz de se comparar, é capaz de competir. E, se é capaz de competir, é capaz de vencer. E, quando você vence, não há sensação melhor no mundo. Você gosta de parâmetros porque eles facilitam as comparações. Gosta dos outros competidores porque eles o revigoram. Gosta das disputas porque elas produzem um vencedor – e mais ainda quando sabe que tem condições de ser o vencedor. Embora seja gentil com seus colegas competidores e até estoico na derrota, você não compete pelo prazer de competir. Compete para ganhar. Com o tempo, acabará aprendendo a evitar as disputas em que a vitória pareça improvável.

A Competição é assim:

Mark L., executivo de vendas: "Pratiquei esportes a vida toda, e não jogo só para me divertir, digamos assim. Gosto de esportes nos quais tenho mais chance de ganhar, não daqueles em que provavelmente vou perder, porque, se perco, fico sorridente por fora mas furioso por dentro."

Harry D., gerente geral: "Não sou um grande velejador, mas gosto da America's Cup. Os dois barcos devem ser exatamente iguais e as duas tripulações são formadas por atletas de primeira linha. Mas sempre há um vencedor. Um dos lados tinha algum segredo na manga que desequilibrou o jogo e o capacitou a ganhar com mais frequência do que perder. E é isso que estou procurando – esse segredo, essa mínima vantagem."

Sumner Redstone, presidente da Viacom Corporation (agora conhecida como CBS Corporation), sobre seus esforços para fechar a aquisição daquela empresa: "Desfrutei de cada minuto porque a Viacom era uma empresa pela qual valia a pena lutar e adorei a competição. Se você se envolve em uma grande disputa, com todo o estresse que é inevitável nessas circunstâncias, é melhor ter alguma satisfação e tirar algum prazer da vitória final. Disputar o controle de uma empresa como a Viacom foi uma guerra. Acredito que a verdadeira lição que aprendi foi que não se trata de uma questão de dinheiro, mas da vontade de vencer."

Ideias para ação

- Escolha ambientes de trabalho nos quais seja possível medir suas realizações. Sem a competição, você talvez não seja capaz de descobrir quão bom pode ser.
- Faça uma lista dos resultados de desempenho que o ajudam a saber como está a cada dia. Que aspectos merecem a sua atenção?
- Identifique uma pessoa altamente competente que possa servir de parâmetro para suas próprias realizações. Se houver mais de uma, faça uma lista com todos contra quem você está competindo no momento. Sem mensurar o desempenho de cada um, como vai saber se ganhou?
- Tente transformar tarefas comuns em jogos de competição. Assim você conseguirá realizar mais.
- Ao ganhar, reserve algum tempo para investigar por que ganhou. Aprende-se muito mais com uma vitória do que com uma derrota.
- Ensine às pessoas que ser competitivo não é o mesmo que passar por cima dos outros. Explique que você encontra satisfação em se comparar com competidores bons e fortes – e em vencê-los.
- Desenvolva uma "métrica equilibrada" – um sistema de indicadores que monitore todos os aspectos do seu desempenho. Mesmo que esteja competindo contra seus resultados anteriores, essa métrica o ajudará a dar a devida atenção a todos os aspectos da sua performance.
- Ao competir com outros profissionais, crie oportunidades de desenvolvimento ao escolher comparar-se com alguém que esteja em um nível de conhecimento ligeiramente

superior ao seu. A competição fará com que você se esforce para aperfeiçoar suas habilidades e conhecimentos a fim de superar essa pessoa. Procure um modelo que esteja um ou dois níveis acima da sua posição e que possa motivá-lo a se aprimorar.

- Reserve algum tempo para comemorar as vitórias. No seu mundo não existe vitória sem comemoração.
- Desenvolva estratégias mentais que possam ajudá-lo a lidar com a derrota. Com o apoio delas, você será capaz de seguir para o próximo desafio com maior rapidez.

Como trabalhar com quem se destaca no tema Competição

- Use uma linguagem competitiva com pessoas boas em Competição. O mundo delas consiste em ganhar ou perder. Desse ponto de vista, atingir uma meta é uma vitória e deixar de cumpri-la é uma derrota.
- Ajude pessoas que se destacam em Competição a encontrar situações em que possam ganhar. Se perderem repetidas vezes, podem parar de jogar. Lembre-se: em qualquer tipo de disputa, elas não competem por diversão. Competem para ganhar.
- Ao perderem, essas pessoas talvez precisem de um período de luto. Dê esse tempo a elas. Em seguida, ajude-as a avançar depressa para outra oportunidade de vitória.

Comunicação

Você gosta de explicar, de descrever, de ser o mestre de cerimônias, de falar em público e de escrever. Eis o seu tema Comunicação em atividade. As ideias são um árido ponto de partida. Os acontecimentos são estáticos. Você sente a necessidade de lhes dar vida, de enchê-los de energia, de torná-los empolgantes e vívidos. Assim você transforma acontecimentos em histórias e exercita o ato de contá-las. Parte da ideia árida e lhe dá vida com imagens, exemplos e metáforas. Você acredita que a maioria das pessoas consegue manter a atenção por um período muito curto de tempo. Elas são bombardeadas por informações, mas poucas delas perduram. Você quer que sua informação – seja uma ideia, um evento, as características e benefícios de um produto, uma descoberta ou uma lição – perdure. Quer atrair para si a atenção das pessoas, capturá-la, prendê-la. É isso que o leva a buscar a frase perfeita. É isso que o faz sentir-se atraído por expressões vibrantes e combinações vigorosas de palavras. É por isso que as pessoas gostam de ouvi-lo. As imagens que suas palavras projetam despertam o interesse delas, aguçam sua visão de mundo e as inspiram a agir.

A Comunicação é assim:

Sheila K., gerente geral de um parque temático: "As histórias são o melhor meio de demonstrar o que quero dizer. Ontem eu queria explicar ao comitê executivo o impacto que podemos ter em nossos visitantes, por isso contei a eles a seguinte história: uma de nossas funcionárias trouxe o pai para a cerimônia de hasteamento da bandeira no Dia dos Veteranos. Ele lutou na Segunda Guerra Mundial e agora tem uma forma rara de câncer. Está morrendo. No início da breve cerimônia, um de nossos funcionários disse ao grupo: 'Este homem é um veterano da Segunda Guerra Mundial. Não merece uma salva de palmas?' Todos aplaudiram e a filha começou a chorar. O pai tirou o chapéu. Ele nunca faz isso, por causa das cicatrizes na cabeça decorrentes de seus ferimentos de guerra e da cirurgia em razão do câncer, mas, quando o hino nacional começou a tocar, ele tirou o chapéu e baixou a cabeça. A filha me disse depois que foi o melhor dia dele em muitos anos."

Tom P., executivo de um banco: "Meu cliente mais recente achava que o fluxo de capital para ações de empresas ligadas à internet era coisa passageira. Tentei usar um argumento racional para fazer com que mudasse de ideia, mas ele não se convencia de jeito nenhum. No fim das contas, como costumo fazer quando um cliente está em negação, recorri a imagens. Disse que ele era como uma pessoa na praia sentada de costas para o mar. A internet era uma maré que estava subindo depressa. Por mais confortável que ele estivesse se sentindo naquele momento, muito em breve uma daquelas ondas quebraria sobre sua cabeça e o engoliria. Ele entendeu a mensagem."

Margret D., diretora de marketing: "Certa vez li um livro sobre a arte de falar em público que dava duas sugestões: fale apenas sobre coisas pelas quais você é realmente apaixonado e sempre use exemplos pessoais. Comecei imediatamente a fazer isso e encontrei um monte de histórias, pois tenho filhos, netos e marido. Desenvolvo minhas histórias em torno de experiências pessoais porque todos podem se identificar com elas."

Ideias para ação

- Você sempre se sairá bem nas funções em que precisa prender a atenção das pessoas. Pense em seguir uma carreira no ensino, em vendas, em marketing, no sacerdócio ou na mídia. É provável que seus talentos de Comunicação desabrochem e se desenvolvam nessas áreas.
- Inicie uma coletânea de histórias e expressões significativas para você. Por exemplo, separe matérias de revistas que o comovam ou escreva combinações fortes de palavras. Pratique contar essas histórias ou dizer essas palavras em voz alta. Ouça a si mesmo enquanto pratica. Aperfeiçoe-se.
- Ao fazer uma apresentação, preste muita atenção na plateia. Observe as reações a cada segmento. Você vai perceber que alguns momentos são particularmente envolventes. Depois, reserve tempo para identificar os trechos que mais prenderam a atenção do público. Planeje sua próxima apresentação a partir desses destaques.
- Pratique. O improviso tem algum encanto, mas em geral a plateia reage melhor a oradores que sabem aonde estão

indo. Pode parecer contraditório, mas quanto mais preparado você estiver, mais naturais serão seus improvisos.

- Identifique o público com o qual você tem mais sintonia – os ouvintes que parecem extrair o que há de melhor em sua capacidade de comunicação. Examine esses indivíduos ou grupos para descobrir por que você tem um desempenho tão bom quando conversa com eles ou quando se dirige a eles. Procure as mesmas qualidades em seus parceiros e plateias em potencial.
- Escolha cada vez melhor as palavras que você emprega. Elas são uma moeda de troca fundamental. Utilize-as com sabedoria e monitore o impacto causado por elas.
- Seus talentos de Comunicação podem ser altamente eficazes quando a mensagem tem substância. Não confie apenas no talento. Leve sua comunicação a um patamar mais elevado fortalecendo o discurso com conhecimentos e competência em áreas específicas.
- Você tem o dom de alimentar o diálogo entre seus pares e colegas. Empregue os talentos de Comunicação para resumir os diversos pontos em uma reunião e para construir consenso, ajudando os outros a perceber o que têm em comum.
- Se você gosta de escrever, pense em publicar sua obra. Se gosta de falar em público, faça uma apresentação em um encontro profissional ou em convenções. Em qualquer caso, seus talentos de Comunicação servirão para ajudá-lo a achar a forma certa de apresentar suas ideias e estabelecer seu propósito. Você gosta de compartilhar seus pensamentos, portanto encontre o meio mais adequado à sua voz e à sua mensagem.

- Ofereça-se voluntariamente quando surgirem oportunidades para fazer apresentações. Você pode vir a se tornar conhecido como alguém que ajuda as pessoas a expressar os próprios pensamentos e as próprias ambições de forma cativante.

Como trabalhar com quem se destaca no tema Comunicação

- Pessoas com talento em Comunicação têm facilidade para manter conversas. Peça que compareçam a reuniões sociais, jantares ou qualquer evento em que você queira entreter clientes reais ou em potencial.
- Ao trabalhar com pessoas cujo forte é a Comunicação, reserve algum tempo para ouvi-las falar sobre a vida e as experiências delas. Elas vão gostar de contar e você vai gostar de ouvir. E, assim, o relacionamento de vocês se estreitará.
- Discuta com pessoas boas em Comunicação os planos para os eventos sociais de sua organização. É provável que elas tenham boas ideias tanto para a diversão quanto para o que deve ser transmitido durante o evento.

Conexão

Nada acontece por acaso. Você tem certeza disso, porque, no íntimo, sabe que todos nós estamos conectados. Sim, somos indivíduos responsáveis por nossos próprios julgamentos e com livre-arbítrio, mas ainda assim fazemos parte de algo maior. Alguns chamariam de inconsciente coletivo. Outros, de espírito ou força vital. Mas, qualquer que seja seu nome de escolha, você é mais confiante por saber que não estamos isolados uns dos outros – ou da Terra e da vida nela. Esse sentimento de Conexão traz certas responsabilidades. Se somos todos parte de algo maior, então não devemos prejudicar os outros, porque estaremos prejudicando a nós mesmos. Não devemos explorar, porque estaremos explorando a nós mesmos. Sua consciência acerca dessas responsabilidades cria seu sistema de valores. Você é solícito, atencioso e acolhedor. Convencido da unidade da humanidade, você é um construtor de pontes entre pessoas de diferentes culturas. Sensível à mão invisível, pode proporcionar às pessoas o conforto de que há um propósito que extrapola a rotina de nossas vidas. A essência exata de sua fé dependerá de sua educação e de sua cultura, mas ela é forte e sustenta você e seus amigos diante dos mistérios da vida.

A Conexão é assim:

Mandy M., dona de casa: "A humildade é a essência da Conexão. É preciso saber quem você é e quem não é. Tenho um pouco de sabedoria. Não muita, mas a que tenho é real. Isso não é arrogância. É a verdadeira humildade. Você acredita em seus dons, acredita de verdade, mas sabe que não dispõe de todas as respostas. Sente-se conectado aos outros porque sabe que eles têm uma sabedoria de que você não dispõe. Não é possível se sentir conectado se você acha que sabe tudo."

Rose T., psicóloga: "Às vezes, pela manhã, dou uma olhada na minha tigela de cereal e penso nas centenas de pessoas que estiveram envolvidas no processo que trouxe aquele alimento até mim: os lavradores no campo, os bioquímicos que fizeram os pesticidas, os trabalhadores das fábricas de beneficiamento, até o pessoal de marketing que de alguma forma me convenceu a comprar essa caixa de cereal, e não a que estava ao lado dela numa prateleira. Sei que parece estranho, mas agradeço a essas pessoas e, pelo simples fato de fazer isso, sinto-me mais envolvida com a vida, mais conectada com as coisas, menos sozinha."

Chuck M., professor: "Tenho tendência a ver as coisas em preto e branco, mas, quando se trata de compreender os mistérios da vida, sou, por alguma razão, bem mais aberto. Tenho grande interesse em aprender sobre todas as religiões. Agora mesmo estou lendo um livro que discorre sobre judaísmo, cristianismo e a religião dos cananeus. Budismo, mitologia grega – é realmente interessante como tudo isso se entrelaça de alguma maneira."

Ideias para ação

- Procure desempenhar papéis em que possa ouvir e dar orientações. Você pode ajudar outras pessoas a encontrar conexão e propósito nos acontecimentos cotidianos.
- Explore formas específicas de ampliar sua sensação de conexão, como iniciar um clube de leitura, participar de um retiro ou se associar a uma organização que pratique a Conexão.
- Dentro da sua organização, ajude os colegas a compreender como seus esforços se encaixam num panorama mais amplo. Você pode ser um líder na criação de equipes e ajudar os outros a se sentirem importantes.
- Você está ciente dos limites e das barreiras existentes no interior das organizações e das comunidades, mas os trata de forma fluida e habilidosa. Empregue seus talentos de Conexão para transpor os obstáculos que impedem a disseminação do conhecimento.
- Ajude as pessoas a enxergar a conexão entre seus talentos, seus atos, suas missões e suas realizações. Quando se acredita no que se faz e se tem a sensação de fazer parte de algo maior, o compromisso com o sucesso é reforçado.
- Associe-se a alguém com fortes talentos em Comunicação. Essa pessoa poderá ajudá-lo a encontrar as palavras de que precisa para descrever exemplos vibrantes de conexão no mundo real.
- Não gaste muito tempo tentando persuadir os outros a ver o mundo como uma rede interligada. Esteja consciente de que seu senso de conexão é intuitivo. Se os outros não compartilham da sua intuição, argumentos racionais não irão persuadi-los.

- Sua filosofia de vida o impele a ir além dos seus próprios interesses, dos de seu círculo mais próximo e de sua esfera de influência. Assim você enxerga implicações mais amplas para sua comunidade e o mundo. Explore formas de comunicar suas percepções aos outros.

- Busque responsabilidades internacionais ou multiculturais que possam capitalizar sua compreensão dos pontos em comum inerentes a toda a humanidade. Desenvolva uma capacidade universal e mude a forma de pensar daqueles que veem o mundo em termos de "nós" e "eles".

- Os talentos de Conexão podem ajudá-lo a enxergar por trás da carapaça externa de um indivíduo e reconhecer sua humanidade. Esteja particularmente consciente disso ao trabalhar com alguém com um histórico muito diferente do seu. Você tem uma habilidade natural para ignorar os rótulos e se concentrar nas necessidades essenciais dessa pessoa.

Como trabalhar com quem se destaca no tema Conexão

- Pessoas fortes no tema Conexão são propensas a se envolver com questões sociais, que defenderão ardorosamente. Ouça com atenção para descobrir o que lhes inspira tal paixão. Sua capacidade de aceitar essas questões influenciará a profundidade do relacionamento que você pode estabelecer com elas.

- Encoraje pessoas com talentos de Conexão a construir pontes entre diferentes grupos de sua organização. Elas pensam naturalmente que tudo deve estar interligado e por isso são ótimas para mostrar a diferentes colegas como todos dependem dos outros.

- Se você também tiver talentos dominantes de Conexão, compartilhe artigos, escritos e experiências com pessoas com os mesmos talentos. Assim poderão reforçar seu foco mutuamente.

Contexto

Você olha para trás. E faz isso porque é onde estão as respostas. Você olha para o passado para compreender o presente. Segundo a sua perspectiva, o presente é instável, um confuso clamor de vozes discordantes. É somente ao mergulhar sua mente no passado, no tempo em que os planos estavam sendo traçados, que o presente recupera sua estabilidade. O passado era uma época mais simples. Era uma época de projetos. Ao olhar para trás, você começa a ver esses projetos emergirem. Você percebe quais eram as intenções iniciais. Mas esses projetos e intenções foram se tornando tão rebuscados que ficaram quase irreconhecíveis. O tema Contexto volta a revelá-los. Essa compreensão lhe traz confiança. Não mais desorientado, você toma decisões melhores porque sente a estrutura por trás de tudo. Você se torna um parceiro melhor porque compreende como seus colegas se transformaram em quem são. E se torna mais sábio quanto ao futuro, não por qualquer intuição, mas porque viu as sementes sendo plantadas no passado. Diante de novas pessoas e novas situações, você vai demorar um pouco para se orientar, mas deve dar a si mesmo esse tempo. Deve se disciplinar para fazer as perguntas e deixar os projetos virem à tona, porque, independentemente da situação, se você não for capaz de vê-los, terá menos confiança em suas decisões.

O Contexto é assim:

Adam Y., designer de software: "Digo ao meu pessoal: 'Vamos evitar o *vuja de*.' E eles estranham: 'A expressão não está errada? Não devia ser *déjà vu*?' E eu digo: 'Não, *vuja de* significa que muito provavelmente vamos repetir os erros do passado. Temos de evitá-los. Temos de olhar para o passado, ver o que provocou nossos erros e não tornar a cometê-los.' Parece óbvio, mas a maioria das pessoas não examina o que aconteceu com elas ou não acredita que isso tenha algum valor. E assim, para elas, vai ser *vuja de* outra vez."

Jesse K., analista de mídia: "Tenho pouca empatia, por isso não me relaciono com as pessoas segundo o estado emocional que apresentam em determinado momento. Em vez disso, me relaciono com elas por meio de seu passado. Na realidade, só consigo começar a compreendê-las depois que descubro onde foram criadas, como eram seus pais e o que cursaram na faculdade."

Gregg H., gerente de contabilidade: "Recentemente introduzi um novo sistema de contabilidade para todo o escritório e isso só deu certo porque honrei o passado. Quando desenvolvemos um sistema contábil, as pessoas dão sangue, suor e lágrimas. O sistema pertence a *elas*, que se identificam pessoalmente com ele. Assim, se eu chego e digo sem mais nem menos que vou fazer uma mudança, é como se estivesse dizendo que vou afastá-las de um filho. Era esse o nível de emoção com que eu estava lidando. Tinha que respeitar esse vínculo, essa história, ou teriam me rejeitado de saída."

Ideias para ação

- Antes de começar o planejamento de um projeto, encoraje os envolvidos a estudar projetos anteriores. Ajude-os a entender o ditado: "Aqueles que não lembram o passado estão condenados a repeti-lo."
- Se estiver numa posição em que precise ensinar, desenvolva suas lições em torno de estudos de caso. Você vai gostar de pesquisar os exemplos apropriados e seus alunos aprenderão a partir desses precedentes. Use sua compreensão do passado para ajudar outras pessoas a mapear o futuro.
- No trabalho, ajude sua organização a fortalecer sua cultura por meio do resgate da tradição. Por exemplo, reúna símbolos e histórias que representem os melhores momentos do passado ou sugira dar a um prêmio o nome de alguém que incorporou o legado histórico de sua organização.
- Associe-se a alguém com fortes talentos nos temas Futurista ou Pensamento Estratégico. O fascínio dessas pessoas com o que pode estar por vir vai evitar que você fique preso ao passado. Ao mesmo tempo, sua profunda compreensão do contexto impedirá que ignorem as lições que ele ensina. Juntos, vocês têm as melhores condições de criar algo duradouro.
- Aceite as mudanças. Lembre-se de que seus talentos de

Contexto não exigem que você "viva no passado". Pelo contrário: você pode se tornar conhecido como um agente ativo de mudanças positivas. Seu talento natural para contextualizar permitirá que identifique com mais clareza os aspectos do passado que podem ser descartados e aqueles que devem ser mantidos para garantir um futuro sustentável.

- Use comparações tomando por base casos de sucesso anteriores, para pintar para os outros um retrato vibrante do que "pode estar" no futuro. As imagens criadas por você a partir da vida real podem gerar confiança e envolvimento emocional.
- Você reconhece que a forma mais eficiente de prever o comportamento futuro é o comportamento do passado. Ajude seus amigos e colegas a examinar quais ações podem ter contribuído para seus êxitos atuais, de forma que assim possam fazer escolhas mais sábias no futuro. Isso os ajudará a colocar suas decisões dentro do contexto geral.
- Leia romances históricos, livros de não ficção ou biografias. Você vai ter muitos insights que o ajudarão a compreender o presente e isso lhe dará mais clareza.
- Compare antecedentes e situações históricas com seus desafios atuais. Identificar os pontos em comum poderá conduzi-lo a uma nova perspectiva ou a uma resposta a seus problemas.
- Procure mentores que valorizem a história. Ouvir suas memórias provavelmente estimulará seus pensamentos.

Como trabalhar com quem se destaca no tema Contexto

- Durante as reuniões, sempre recorra a pessoas que se destacam nos talentos de Contexto para rever o que foi feito e o que foi aprendido. Instintivamente, elas vão querer que os outros estejam cientes do contexto do processo de decisão.

- As pessoas com Contexto pensam em termos de estudos de caso: "Quando enfrentamos uma situação parecida? O que fizemos? O que aconteceu? O que aprendemos?" Elas podem usar esse talento para ajudar os outros a aprender, especialmente quando há necessidade de exemplos ilustrativos e anedotas.

- Ao apresentar novos colegas para pessoas boas no tema Contexto, peça que falem sobre seus antecedentes antes de pôr mãos à obra.

Crença

Se você possui um forte talento no tema Crença, tem certos valores fundamentais que são duradouros. Esses valores variam de uma pessoa para outra, mas em geral o tema Crença faz com que você seja altruísta, voltado para a família, talvez até mesmo espiritualizado, e valorize a responsabilidade e a ética – tanto em si mesmo quanto nos outros. Esses valores afetam seu comportamento de várias maneiras. Eles trazem significado e satisfação à sua vida. De acordo com o seu ponto de vista, sucesso é algo que vai além de ter dinheiro e prestígio. Seus valores lhe oferecem um norte, guiando você em meio às tentações e distrações da vida para um conjunto consistente de prioridades. Essa consistência é o alicerce de todos os seus relacionamentos. Seus amigos sabem que podem contar com você. "Conheço os seus princípios", costumam dizer. Sua Crença faz de você alguém em quem é fácil confiar. Ela também exige que você encontre uma ocupação alinhada com seus valores. Seu trabalho precisa ter significado; precisa ser importante para você. E, guiado pelo seu tema Crença, ele só terá importância se lhe der a oportunidade de colocar seus valores em prática.

A Crença é assim:

Michael K., vendedor: "Dedico a maior parte de meu tempo livre à minha família e às atividades de nossa comunidade. Fiz parte do conselho de diretores dos escoteiros da região. E, em minha época de escoteiro, fui líder de grupo. Eu gosto de estar com crianças. Acredito que é nelas que reside o futuro. Acho que você pode fazer coisa muito pior com o seu tempo do que investi-lo no futuro."

Lara M., reitora de faculdade: "É por causa dos meus valores que todo dia me esforço tanto em meu trabalho. Dedico horas e horas a esse emprego e nem me importo com o salário que me pagam. Acabei de descobrir que sou a reitora com o salário mais baixo no meu estado. Mas não ligo. Não faço isso pelo dinheiro."

Tracy D., executiva de empresa aérea: "Se você não está fazendo uma coisa que importa, qual o sentido? Levantar todo dia e me esforçar para encontrar meios de tornar os voos mais seguros me parece importante, significativo. Se eu não encontrasse propósito em meu trabalho, não sei se poderia enfrentar todos os desafios e frustrações que atravessam o meu caminho. Acho que me sentiria desmotivada."

Ideias para ação

- Veja seus valores com maior clareza ao pensar em um de seus melhores dias. De que forma seus valores influenciaram a satisfação que você sentiu nessa ocasião? Como poderia organizar sua vida de modo a repetir esse dia com a maior frequência possível?

- Procure ativamente desempenhar papéis que condizem com seus valores. Em particular, pense em fazer parte de organizações que definem seu propósito pela contribuição que prestam à sociedade.
- O significado e o propósito de seu trabalho costumam oferecer uma direção aos outros. Lembre às pessoas por que o trabalho delas é importante e como ele faz a diferença em suas vidas e na de outras pessoas.
- Seus talentos de Crença permitem que você fale ao coração das pessoas. Desenvolva uma "declaração de propósito" e comunique-a à sua família, a seus amigos e colegas. Seu poderoso apelo emocional pode dar a eles um senso de contribuição motivador.
- Crie uma galeria de cartas e/ou imagens de pessoas cuja vida foi substancialmente influenciada por você. Quando se sentir por baixo ou assoberbado, lembre-se de seu valor voltando a essa galeria. Assim vai se sentir energizado e reviver seu compromisso de ajudar os outros.
- Reserve algum tempo para garantir o equilíbrio entre as demandas do trabalho e a vida pessoal. A devoção à carreira não deve abalar seu forte compromisso com a família.
- Não tenha medo de dar voz a seus valores. Isso ajudará os outros a saber quem você é e como se relacionar com você.
- Cultive ativamente amigos que compartilhem dos mesmos valores básicos que você. Pense no seu melhor amigo. Essa pessoa compartilha seu sistema de valores?
- Associe-se a alguém com fortes talentos no tema Futurista.

Essa pessoa pode lhe oferecer energia ao pintar um retrato vívido da direção para onde seus valores o conduzirão.
- Aceite que os valores de outras pessoas podem ser diferentes dos seus. Exprima suas crenças sem julgamentos.

Como trabalhar com quem se destaca no tema Crença

- As pessoas que se destacam no tema Crença tendem a ser muito apaixonadas pelo que é importante para elas. Descubra essa paixão e ajude-as a vinculá-la ao trabalho que precisam realizar.
- Ao trabalhar com essas pessoas, informe-se sobre a família e a comunidade delas. Elas costumam ter compromissos sólidos com aqueles que são importantes em sua vida. Compreenda, aprecie e honre tais compromissos, e assim ganhará o respeito delas.
- Você não precisa seguir o mesmo sistema de valores da pessoa que se destaca no tema Crença, mas precisa entendê-lo, respeitá-lo e aplicá-lo. Do contrário, grandes conflitos podem surgir.

Desenvolvimento

Você vê o potencial dos outros. Na verdade, às vezes isso é tudo que vê. Do seu ponto de vista, nenhum indivíduo está plenamente formado. Pelo contrário, todo mundo é uma obra em andamento, carregada de possibilidades. E você é atraído pelas pessoas por essa mesma razão. Quando interage com os outros, sua meta é ajudá-los a alcançar o sucesso. Você procura meios de desafiá-los. Planeja experiências interessantes para tirá-los da zona de conforto e ajudá-los a crescer. E, enquanto isso, continua sempre atento aos sinais de crescimento: um novo comportamento aprendido ou modificado, um ligeiro aperfeiçoamento numa técnica, um vislumbre de excelência ou um "fluxo" onde antes havia apenas passos hesitantes. Para você, esses pequenos progressos – invisíveis para alguns – são sinais claros da realização de seu potencial. Esses sinais de crescimento nos outros são seu combustível. Eles o enchem de energia e satisfação. Com o tempo, muitos vão procurá-lo em busca de ajuda e encorajamento porque, em algum nível, sabem que sua disposição em ajudar, além de ser genuína, lhe traz um sentimento de realização.

O Desenvolvimento é assim:

Marilyn K., reitora de faculdade: "Na formatura, adoro quando uma formanda de enfermagem atravessa o palco e pega seu diploma – e umas 18 fileiras atrás, no meio da plateia, há uma criancinha de pé numa cadeira gritando: 'É isso aí, mamãe!' Eu choro sempre."

John M., executivo de publicidade: "Não sou advogado, médico nem fabricante de velas. Minhas habilidades são bem diferentes. Elas têm a ver com a compreensão das pessoas e de suas motivações, com o prazer que tenho em vê-las se descobrindo de formas que nunca acharam que fosse possível. E com encontrar gente que traz para a equipe talentos que eu não tenho."

Anna G., enfermeira: "Tive uma paciente com um problema tão grave no pulmão que ia precisar ficar para sempre ligada ao cilindro de oxigênio. Não teria mais energia ou força para levar uma vida normal. Um dia entrei no quarto e ela estava desesperada. Não sabia se estava com falta de ar porque estava ansiosa ou se estava ansiosa porque estava com falta de ar. E falava em suicídio, porque não conseguia trabalhar e ajudar o marido. Então eu a levei a pensar nas coisas que ela podia fazer em vez de pensar nas que não podia. Como sabia que ela era muito criativa em trabalhos manuais, eu disse: 'Há coisas que você pode fazer e, se essas coisas lhe dão prazer, faça. É um ponto de partida.' Ela chorou e disse: 'O máximo que vou conseguir é lavar um prato.' E eu disse: 'Isso é hoje. Amanhã você consegue lavar dois.' E, quando chegou o Natal, ela estava fazendo todo tipo de artesanato e ganhando dinheiro com isso."

Ideias para ação

- Faça uma lista de pessoas que você ajudou ensinando e ajudando a crescer. Olhe para a lista com frequência e lembre-se do efeito que você exerce no mundo.
- Procure funções em que suas principais responsabilidades incluam facilitar o crescimento das pessoas. Ensino, coaching e gestão de equipes podem ser muito satisfatórios para você.
- Repare quando os outros tiverem sucesso e diga isso a eles. Seja específico sobre o que viu. Suas observações detalhadas do que os levou à vitória acentuarão o crescimento deles.
- Identifique o mentor ou os mentores que reconheceram algo de especial em você. Dedique um tempo a lhes agradecer a ajuda que recebeu para se desenvolver, mesmo que tenha que descobrir onde mora atualmente uma antiga professora e lhe enviar uma carta.
- Associe-se com alguém que tenha fortes talentos no tema de Individualização. Assim você receberá ajuda para identificar quais são os maiores talentos de cada um. Sem isso, seus instintos de Desenvolvimento podem levá-lo a encorajar as pessoas a investir em áreas nas quais lhes faltam talentos genuínos.
- Evite oferecer apoio a quem está constantemente em dificuldade para lidar com sua função. Nesses casos, o maior ato de Desenvolvimento que lhe cabe é encorajar essa pessoa a encontrar algo diferente, um cargo em que se encaixe melhor.
- Você sempre se sentirá impelido a ser o mentor de mais gente do que devia. Para satisfazer esse impulso interior e

ao mesmo tempo manter o foco na mentoria, considere o impacto de ser "mentor no momento". Muitos dos momentos de desenvolvimento mais tocantes e memoráveis acontecem quando as palavras certas chegam no momento certo – palavras que esclarecem alguma coisa, renovam uma paixão, abrem os olhos para uma oportunidade e mudam o curso de uma vida.

- Não invista muito tempo em causas perdidas. Sua inclinação natural a ver o melhor nas pessoas e nas situações pode impedi-lo de seguir em frente, rumo a situações mais promissoras.
- Seus talentos de Desenvolvimento podem levá-lo a ficar envolvido demais no crescimento dos outros e acabar esquecendo o seu. Lembre-se de que não é possível dar o que não se tem. Se você quiser causar um impacto maior no bem-estar e no progresso de outros, é preciso manter seu próprio crescimento. Encontre um mentor ou um coach que invista em você.
- Faça uma lista de pessoas que você gostaria de ajudar a se desenvolver. Escreva o que considera serem seus pontos fortes. Reserve algum tempo para encontrar cada uma delas regularmente – mesmo que seja apenas por 15 minutos – e faça questão de discutir suas metas e qualidades.

Como trabalhar com quem se destaca no tema Desenvolvimento

- Reforce a autoimagem daqueles se destacam no tema Desenvolvimento para que se vejam como pessoas que encorajam os outros a se superar e encontrar a própria excelência. Diga, por exemplo: "Seus colegas nunca teriam conseguido bater o recorde sem sua ajuda. Seu estímulo e sua confiança despertaram neles a centelha que faltava."

- Recorra a pessoas com talentos de Desenvolvimento na hora de dar reconhecimento aos colegas. Elas vão apreciar selecionar os feitos que merecem louvor e os elogiados saberão que as palavras são genuínas.

- Peça àqueles que se destacam em Desenvolvimento para ajudá-lo a progredir na sua função. É provável que identifiquem pequenos sinais de progresso que passariam despercebidos a outros.

Disciplina

Seu mundo precisa ser previsível. Precisa ser ordenado e planejado. Por isso você instintivamente impõe estrutura a seu mundo. Define rotinas. Concentra-se em horários e prazos. Fragmenta projetos de longo prazo numa série de planos específicos de curto prazo e trabalha diligentemente em cada um deles. Você não é necessariamente caprichoso e arrumadinho, mas, sem dúvida, tem necessidade de precisão. Defrontado com a inerente bagunça da vida, quer se sentir no controle. As rotinas, os horários, a estrutura, tudo isso ajuda a criar uma sensação de controle. Algumas pessoas desprovidas de talentos no tema Disciplina podem ocasionalmente se ressentir da sua necessidade de ordem, mas não é preciso criar conflito. Você deve compreender que nem todos têm sua ânsia de previsibilidade; existem outros modos de conseguir que as coisas sejam feitas. Da mesma forma, você pode ajudá-los a compreender e mesmo a valorizar sua necessidade de estrutura. A aversão a surpresas, a impaciência com os erros, as rotinas e o modo detalhado de dar orientações não precisam ser interpretados como comportamentos controladores, que engessam as pessoas. Isso tudo pode ser entendido como seu método instintivo de manter o progresso e a produtividade diante das muitas distrações que a vida oferece.

A Disciplina é assim:

Les T., gerente de hotel: "A virada na minha carreira veio depois que frequentei um daqueles cursos de gerenciamento de tempo há alguns anos. Sempre fui disciplinado, mas ganhei mais poder quando aprendi a usar essa disciplina em um processo organizado no dia a dia. A agenda do smartphone permite que eu ligue para minha mãe todos os domingos em vez de deixar que meses se passem sem falar com ela. Permite que eu leve minha mulher para jantar fora toda semana sem que ela tenha que pedir. Permite que meus funcionários saibam que se eu disser que preciso de algo pronto na segunda-feira, cobrarei o trabalho na segunda-feira, caso ainda não tenha sido entregue. Isso se incorporou de tal modo à minha vida que eu não saberia me organizar de outra forma."

Troy T., executivo de vendas: "Meu sistema de arquivamento pode não ser tão bonito assim, mas é muito eficiente. Escrevo tudo à mão porque sei que nenhum cliente vai ver; então por que perder tempo para deixar tudo bonito? Toda a minha vida como vendedor está baseada em prazos e acompanhamentos. No meu sistema, não perco nada de vista, de modo que me responsabilizo não só pelo que preciso fazer como também pelas necessidades de meus clientes e as atribuições de todos os meus colegas. Se não me derem o retorno na hora em que prometeram, logo lhes envio um e-mail. Na verdade, outro dia alguém disse: 'Acho melhor lhe dar logo uma resposta, porque sei que, se não tiver notícias minhas, você vai telefonar.'"

Diedre S., gerente administrativa: "Detesto perder tempo, por isso faço listas, longas listas que me mantêm nos trilhos. Hoje minha lista tem 90 itens e vou cumprir 95% deles. Isso é disciplina, porque não deixo que ninguém desperdice meu tempo. Não sou grosseira: uso a diplomacia e o bom humor para informar às pessoas que o tempo delas se esgotou."

Ideias para ação

- Não hesite em verificar quantas vezes forem necessárias o bom andamento das tarefas. Você já sente um desejo irrefreável de fazer isso, e em breve os outros passarão a esperar esse comportamento de sua parte.
- Aceite que os erros podem deixá-lo deprimido. A precisão é um de seus valores centrais. No entanto, é preciso encontrar formas de avançar nesses momentos de irritação, para evitar o desânimo.
- Reconheça que outras pessoas talvez não sejam tão disciplinadas quanto você. É bem provável que a confusão nos processos delas lhe cause frustração. Tente relevar e focar nos resultados, não nos processos.
- A exatidão é seu ponto forte. Você adora esquadrinhar detalhes. Procure oportunidades para examinar contratos, comunicados importantes ou documentos financeiros em busca de erros. Você pode evitar erros custosos da sua parte e da parte de outras pessoas, que os fariam parecer tolos.
- Aumentar a eficiência é uma de suas marcas. No fundo, você é um perfeccionista. Descubra situações em que há algum desperdício de tempo e de dinheiro provocado por falta de eficiência e crie sistemas ou procedimentos para resolver a questão.

- Você não apenas cria ordem como é provável que anseie por ela na forma de um espaço bem organizado. Para dar asas a seus talentos de Disciplina, invista em móveis ou em sistemas de organização que lhe permitam ter "um lugar para cada coisa e cada coisa em seu lugar".
- Cronogramas o motivam. Quando tem uma tarefa a executar, você gosta de saber o prazo, de modo a planejar o tempo a ser dedicado a ela. Aplique seus talentos de Disciplina delineando um plano passo a passo para você seguir. Os outros apreciarão suas sugestões, pois elas ajudarão todos a se manter concentrados na tarefa.
- Seus talentos de Disciplina podem ser confundidos com rigidez. Ajude outras pessoas a compreender que eles lhe permitem tornar seu dia mais eficiente – com frequência, porque você sabe como usar o tempo disponível segundo as suas prioridades. Ao trabalhar com pessoas não tão disciplinadas, peça que esclareçam os prazos, de modo a ajustar seu trabalho às demandas delas.
- Procure cargos e responsabilidades que possuam uma estrutura bem definida.
- Crie rotinas que precisam ser seguidas até o final. Com o tempo, as pessoas começarão a apreciar esse tipo de previsibilidade.

Como trabalhar com quem se destaca no tema Disciplina

- Ao trabalhar num projeto com pessoas que se destacam no tema Disciplina, garanta que elas saibam os prazos com antecedência. Elas sentem necessidade de concluir as tarefas antes do prazo e não vão conseguir fazer isso se não souberem o tempo que têm disponível.

- Tente não surpreender pessoas boas em Disciplina promovendo mudanças súbitas nos planos e nas prioridades. O inesperado costuma perturbá-las e pode estragar o dia delas.
- A desorganização vai irritar as pessoas cujo ponto forte é a Disciplina. Não espere que fiquem muito tempo em um ambiente fisicamente bagunçado.

Empatia

Você é capaz de perceber as emoções das pessoas ao seu redor. Pode sentir os sentimentos delas como se fossem seus. Intuitivamente, você consegue ver o mundo através dos olhos das outras pessoas e compartilhar a perspectiva delas. Isso não quer dizer que concorde necessariamente com elas. Nem que sinta pena dos infortúnios de todo mundo – isso seria piedade, não empatia. Você nem sempre aprova as decisões tomadas pelas pessoas, mas é capaz de compreendê-las. Essa capacidade instintiva de compreensão é poderosa. Você ouve as perguntas não ditas. Prevê necessidades. Onde outros acham difícil saber o que dizer, você encontra as palavras certas e o tom adequado. Você ajuda as pessoas a descobrir o modo certo de expressar seus sentimentos – para si mesmas e para os outros. Você as ajuda a dar voz à própria vida emocional. Por todas essas razões, elas se sentem atraídas por você.

A Empatia é assim:

Alyce J., administradora: "Recentemente, eu estava numa reunião de diretoria em que uma das pessoas apresentava uma nova ideia crucial para ela e para todo o grupo. Ao terminar, ninguém tinha ouvido, ninguém prestara atenção no que dissera. Foi um momento extremamente desencorajador para ela. Isso estava escrito em seu rosto. Durante um ou dois dias, ela ficou chateada. Então enfim abordei a questão com ela e usei palavras que a ajudaram a descrever como se sentia. Eu disse 'Tem alguma coisa errada' e ela começou a falar. Eu falei 'Realmente compreendo. Sei como era importante e desde então você anda muito diferente' e assim por diante. Ela finalmente desabafou: 'Você foi a única que me ouviu e que me disse alguma coisa sobre o assunto.'"

Brian H., administrador: "Quando minha equipe está tomando decisões, o que eu gosto de fazer é perguntar: 'Tudo bem, o que Fulano tem a dizer sobre isso?', 'O que Sicrano acha?'. Em outras palavras, coloque-se na posição deles. Vamos pensar nos argumentos a partir da perspectiva deles para que possamos ser mais persuasivos."

Janet P., professora do ensino fundamental: "Nunca joguei basquete porque esse esporte não era praticado por mulheres quando eu era criança, mas acho que percebo, durante uma partida, quando a equipe adversária está começando a ganhar ímpeto. Tenho vontade de ir até o treinador e dizer: 'Mande-os acelerar o ritmo. Você está perdendo o controle.' A empatia também funciona com grupos grandes; você pode sentir a multidão."

Ideias para ação

- Ajude seus amigos e colegas a ter maior consciência dos momentos em que alguém próximo está passando por dificuldades. Lembre-se: a maioria das pessoas não tem a sua habilidade para captar certas sutilezas.
- Aja depressa e com firmeza quando as pessoas se comportarem de maneira pouco saudável para elas ou para os outros. A compreensão do estado emocional de um indivíduo não significa que você deva justificar seu comportamento. Esteja ciente de que quando a empatia vira simpatia você passa a ser visto como um "coração mole".
- Associe-se a alguém que tenha fortes talentos nos temas Comando ou Ativação. Essa pessoa o ajudará a adotar as ações necessárias, mesmo que elas magoem alguns.
- Considere trabalhar como mentor ou confidente. Como a confiança é um bem supremo para você, as pessoas se sentem à vontade para procurá-lo quando precisam. Sua discrição e o desejo de ser genuinamente prestativo serão muito valorizados.
- Por vezes, sua empatia poderá fazer com que você se sinta sobrecarregado. Crie alguns rituais para realizar no final do dia e sinalizar que o trabalho acabou. Isso vai ajudar a amortecer suas emoções e evitar que se sinta esgotado.
- Identifique um amigo que também tenha fortes talentos no tema Empatia e troque figurinhas com ele.
- Por ser sensível aos sentimentos dos outros, você é capaz de aferir a temperatura emocional em uma sala. Empregue seus talentos para forjar uma ponte de compreensão e apoio mútuos. Sua Empatia será especialmente importante

em tempos difíceis, pois demonstrará sua preocupação e, com isso, criará lealdade.
- Você se sente bem ao testemunhar a felicidade das pessoas. Por consequência, provavelmente é receptivo a oportunidades para apontar o sucesso dos outros e reforçar seus feitos positivamente. A cada oportunidade, diga uma palavra gentil de apreciação ou de reconhecimento. Ao fazê-lo, é provável que deixe uma impressão profunda e motivadora.
- Por ser tão observador em relação aos sentimentos das pessoas, é possível que você sinta o que vai acontecer antes que os fatos se tornem de conhecimento geral. Embora sua intuição possa às vezes parecer nada mais que "palpite", preste atenção nela. Ela pode vir a ser um bem valioso.
- Às vezes a empatia não exige nenhuma palavra. Um gesto de gentileza pode ser tudo o que é necessário para reconfortar alguém. Use seus talentos para tranquilizar as pessoas com um olhar, um sorriso ou um tapinha nas costas.

Como trabalhar com quem se destaca no tema Empatia

- Peça a pessoas que se destacam no tema Empatia para ajudá-lo a compreender os sentimentos de determinados indivíduos em sua organização. Elas são sensíveis às emoções dos outros.
- Antes de estabelecer um compromisso com determinado curso de ação envolvendo pessoas cujo ponto forte é a

Empatia, pergunte como se sentem e como os outros se sentem em relação às questões em jogo. Para elas, as emoções são tão reais quanto outros fatores mais práticos e devem ser pesadas na hora de tomar decisões.

- Quando os empregados ou os clientes tiverem dificuldade para compreender o que motivou certa ação, peça ajuda a pessoas boas em Empatia. Elas são capazes de perceber o que os outros não conseguem.

Estudioso

Você adora aprender. O assunto que mais lhe interessa será determinado por seus outros temas e experiências, mas, seja qual for, você sempre será atraído pelo processo de aprendizagem – que, mais do que o conteúdo ou o resultado, lhe parece especialmente empolgante. Você se sente motivado pela jornada contínua e deliberada que leva da ignorância à competência. A emoção das primeiras informações, os primeiros esforços para recapitular ou praticar o que aprendeu, a confiança crescente numa técnica dominada – esse é o processo que o instiga. Seu entusiasmo o leva a se envolver em atividades de aprendizado para adultos – yoga, aulas de piano ou pós-graduações. Isso lhe permite se destacar em ambientes de trabalho dinâmicos, em que você seja solicitado a desempenhar tarefas que o obriguem a aprender depressa sobre determinado assunto e, após um curto período de tempo, passar para o próximo. O tema Estudioso não indica necessariamente que você procure se tornar perito em alguma matéria, ou que esteja lutando pelo prestígio conferido por determinada credencial profissional ou acadêmica. Os frutos do aprendizado são menos significativos do que o processo para "chegar lá".

O Estudioso é assim:

Annie M., editora executiva: "Fico agitada quando não estou aprendendo alguma coisa. Ano passado, embora estivesse gostando do meu trabalho, tinha a impressão de não estar aprendendo o bastante. Então comecei a fazer aulas de sapateado. Parece estranho, não é? Sei que nunca vou subir num palco para me apresentar, mas gosto de me concentrar na perícia técnica do sapateado, progredir um pouco a cada semana, passar da turma de iniciantes para o nível intermediário. É um barato."

Miles A., gerente de operações: "Quando eu tinha 7 anos, meus professores diziam a meus pais: 'Miles não é o menino mais inteligente da escola, mas é uma esponja para aprender e provavelmente vai longe, porque sempre vai se dedicar e descobrir coisas novas.' Agora mesmo acabei de entrar num curso de espanhol para viagens de negócios. Sei que provavelmente é ambicioso demais achar que posso dominar a conversação em espanhol e me tornar totalmente fluente no idioma, mas pelo menos quero ser capaz de viajar conhecendo um pouco da língua."

Tim S., coach de executivos: "Um dos meus clientes é tão curioso que fica maluco por não conseguir fazer tudo que deseja. Não sou tão curioso assim. Prefiro me aprofundar naquilo em que posso ganhar competência e depois empregar no trabalho. Por exemplo, recentemente, um de meus clientes queria que eu o acompanhasse a Nice, na França, para um compromisso de negócios. Então comecei a ler sobre a região, a comprar livros e pesquisar na internet. Era tudo interessante e gostei de estudar, mas não teria feito nada disso se não tivesse que viajar a negócios para lá."

Ideias para ação

- Descubra qual é a sua melhor forma de aprender. Por exemplo, você pode aprender melhor quando está ensinando. Se for assim, procure oportunidades de fazer apresentações. Se aprende melhor com a ajuda a reflexão, encontre um tempo para ficar em silêncio.
- Desenvolva formas de acompanhar o progresso do seu aprendizado. Se houver níveis distintos ou etapas dentro de uma disciplina ou de uma habilidade, reserve um momento para comemorar a passagem de um nível para o próximo. Se não existirem níveis, crie-os você mesmo (por exemplo, lendo cinco livros sobre um assunto ou fazendo três apresentações sobre o tema).
- Seja um catalisador de mudanças. Outras pessoas podem se sentir intimidadas por novas regras, novas técnicas ou novas circunstâncias. Seu desejo de assimilar essas novidades pode reduzir o medo delas e estimulá-las a agir. Assuma essa responsabilidade com seriedade.
- Procure papéis que exijam competência técnica. Você apreciará o processo de adquirir esses conhecimentos.
- Tanto quanto possível, encaminhe sua carreira para um campo em que as tecnologias e as regulamentações estejam em constante mudança. O desafio de se manter atualizado o deixará estimulado.
- Como não se sente ameaçado por informações pouco familiares, você pode ter imenso sucesso em funções de consultoria (interna ou externa), recebendo para mergulhar em novas situações e aprender depressa novas competências ou linguagens.

- Pesquisas reconhecem o elo entre aprendizado e desempenho. Quando as pessoas têm a oportunidade de aprender e se desenvolver, tornam-se mais produtivas e leais. Procure encontrar formas de mensurar o grau de satisfação que você e os outros sentem em relação ao modo como suas necessidades de aprendizado estão sendo atendidas. Isso vai ajudá-lo a criar marcos individualizados e recompensar suas conquistas no aprendizado.
- No trabalho, aproveite os programas que oferecem subsídios ao aprendizado. Sua empresa pode estar disposta a pagar parcial ou mesmo integralmente cursos ou certificações. Peça informações a seu gestor sobre bolsas de estudos e outras oportunidades educacionais.
- Valorize seu desejo de aprender. Aproveite as oportunidades para educação de adultos em sua comunidade. Comprometa-se a se inscrever em pelo menos um novo curso a cada ano.
- O tempo parece voar e sua atenção se intensifica quando você está imerso em estudos ou aprendendo coisas novas. Permita-se seguir essa trilha programando suas sessões de aprendizado para horários em que você não será interrompido por compromissos urgentes.

Como trabalhar com quem se destaca no tema Estudioso

- Independentemente do papel que desempenhem, pessoas que se destacam no tema Estudioso estarão sempre ansiosas por aprender novos fatos, habilidades e conhecimentos. Ajude-as a encontrar novas formas de aprender e se motivar.

- Ajude indivíduos bons no tema Estudioso a acompanhar o progresso de seu aprendizado, identificando marcos ou níveis que alcançaram. Comemore essas conquistas.
- Encoraje aqueles com talentos no tema Estudioso a se tornarem o "mestre" ou "especialista da casa" em um tópico específico. Isso vai alimentar sua necessidade de alcançar competência total em algum assunto.

Excelência

A Excelência é a sua medida – não a média. Levar algo que está um pouco abaixo da média para ligeiramente acima dela demanda um grande esforço que, em sua opinião, não é muito gratificante. Transformar algo que já é bom em algo excepcional requer exatamente o mesmo trabalho, mas é muito mais emocionante. Pontos fortes – os seus ou os de outra pessoa – o fascinam. Como um mergulhador em busca de pérolas, você os procura, atento a seus sinais reveladores. Um vislumbre de excelência espontânea, um aprendizado rápido, uma técnica dominada sem recorrer ao passo a passo – todos esses são indícios de que um ponto forte pode estar em cena. E, tendo encontrado um, você se sente compelido a alimentá-lo, refiná-lo e desenvolvê-lo até a excelência. Você dá polimento à pérola até que ela brilhe. Essa escolha natural pode ser vista pelos outros como discriminação. Você prefere passar seu tempo com gente que aprecia seus pontos fortes. Do mesmo modo, sente-se atraído por aqueles que parecem ter encontrado e cultivado os deles. Você tende a evitar quem parece querer corrigi-lo e aparar suas arestas. Não quer passar a vida lamentando o que lhe falta. Em vez disso, quer tirar proveito dos dons com que foi abençoado. É mais divertido, mais produtivo e, ao contrário do que o senso comum acredita, é mais desafiador também.

A Excelência é assim:

Gavin T., comissário de bordo: "Dei aula de ginástica aeróbica durante 10 anos e fazia questão de pedir que as pessoas se concentrassem naquilo que gostavam em si mesmas. Todo mundo tem uma parte do corpo que gostaria de mudar ou que fosse diferente, mas se concentrar nisso pode ser muito nocivo. Vira um círculo vicioso. Então eu dizia: 'Olhe, você não precisa fazer isso. Em vez disso, que tal se concentrar naquele seu atributo de que você gosta mais e, assim, se sentir melhor ao despender toda essa energia?'"

Amy T., editora de revista: "Não há nada que eu deteste mais do que ser obrigada a consertar um texto mal escrito. Se dei instruções claras ao redator e ele me vem com um texto completamente inadequado, quase nem consigo me dar ao trabalho de escrever comentários na margem. Fico mais inclinada a simplesmente devolver o material dizendo: 'Por favor, faça de novo.' Por outro lado, adoro pegar um texto que já chegou muito bom e retocá-lo para que fique perfeito. Você sabe, a palavra certa aqui, um cortezinho ali, e de repente o texto se torna uma joia polida."

Marshall G., executivo de marketing: "Sou realmente bom em definir um foco para as pessoas e depois construir um espírito de equipe à medida que todos avançamos. Mas não sou tão bom em pensamento estratégico. Felizmente, tenho um chefe que compreende isso. Já trabalhamos juntos há alguns anos. Ele encontrou pessoas que desempenham essa função estratégica e, ao mesmo tempo, me provoca para que eu melhore ainda mais o foco e a organização da equipe. Tenho sorte por ter um chefe que pensa assim. Isso me deixou mais seguro e fez com que eu progredisse com muito mais rapidez, pois sei que meu superior reconhece as minhas qualidades e não se importa com as minhas fraquezas."

Ideias para ação

- Procure funções em que você vá ajudar pessoas a ter sucesso. Em assessoria, administração, mentoria ou ensino, seu foco nos pontos fortes será particularmente benéfico para os outros. Como a maioria das pessoas encontra dificuldade para descrever o que faz de melhor, o primeiro passo é armá-las com descrições muito claras.
- Encontre formas de medir o seu desempenho e o dos outros. Essas métricas o ajudarão a encontrar pontos fortes, pois a melhor forma de identificá-los é procurando níveis contínuos de excelência no desempenho.
- Assim que tiver identificado seus maiores talentos, mantenha o foco neles. Refine suas habilidades. Adquira novos conhecimentos. Pratique. Continue a trabalhar para se aprimorar em algumas áreas.
- Desenvolva um plano para usar seus maiores talentos fora do ambiente de trabalho. Ao fazê-lo, reflita sobre a forma como eles se relacionam com sua missão na vida e como poderiam beneficiar sua família ou a comunidade.

- A resolução de problemas pode drenar sua energia e seu entusiasmo. Procure um parceiro com talentos de Restauração que seja capaz de se tornar seu principal solucionador de problemas. Deixe claro para essa pessoa como a parceria de vocês é importante para o seu sucesso.
- Estude o sucesso. Passe algum tempo com pessoas que descobriram os próprios pontos fortes. Quanto mais compreender como eles contribuem para o sucesso, mais provável será que você seja capaz de ser bem-sucedido em sua vida.
- Explique aos outros por que você passa tanto tempo cultivando grandes talentos, não corrigindo fraquezas. A princípio, sua forma de agir poderá ser confundida com um comportamento complacente.
- Não deixe que seus talentos de Excelência sejam sufocados pela ideia do senso comum de que é preciso encontrar o que está quebrado e consertar. Identifique e invista nas partes de sua organização ou de sua comunidade que estão funcionando. Garanta que a maioria de seus recursos seja empregada no desenvolvimento desses núcleos de excelência.
- Mantenha o foco em relacionamentos e metas de longo prazo. Muitos constroem a carreira colhendo os frutos mais acessíveis do sucesso a curto prazo, mas seus talentos de Excelência ficarão mais vigorosos e eficientes à medida que você transformar imensos potenciais em pontos fortes genuínos e duradouros.
- Veja se é possível tornar irrelevantes alguns de seus pontos fracos. Por exemplo, encontre um parceiro, desenvolva um sistema de suporte ou empregue um de seus maiores

talentos para compensar as áreas em que você tem mais problemas.

Como trabalhar com quem se destaca no tema Excelência

- Pessoas que se destacam no tema Excelência estão interessadas em cuidar de algo que já funciona e encontrar uma forma de tirar o máximo daquilo. Elas podem não estar particularmente interessadas em consertar o que está quebrado. Se possível, evite pedir que assumam funções que exijam a resolução contínua de problemas. Em vez disso, solicite sua ajuda quando for necessário implementar as melhores práticas.
- Se não existe ninguém por perto que se concentre regularmente nos seus pontos fortes, passe mais tempo com gente que se destaca em Excelência. Essas pessoas têm uma curiosidade natural sobre a excelência e o ajudarão a refinar o que você faz de melhor.
- Pessoas que se destacam em Excelência têm a expectativa de que você valorize e compreenda os pontos fortes delas – e ficarão frustradas se você passar muito tempo debruçando-se sobre seus pontos fracos.

Foco

"Para onde estou indo?" É o que você se pergunta todos os dias. Guiado pelo tema Foco, você precisa de um objetivo claro, senão sua vida e seu trabalho podem rapidamente se tornar frustrantes. E assim, todo ano, todo mês e mesmo toda semana, você estabelece metas. Essas metas passam então a servir de bússola, ajudando-o a definir prioridades e a fazer as correções necessárias para retomar o curso. Seu Foco é poderoso porque o obriga a recorrer a um filtro; você instintivamente avalia se uma determinada ação pode ou não ajudá-lo a se aproximar da sua meta. As que não puderem contribuir serão ignoradas. No fim das contas, seu Foco o obriga a ser eficiente. Evidentemente, a contrapartida é que isso o torna impaciente com atrasos, obstáculos e até mesmo com desvios de percurso, por mais instigantes que possam parecer. Isso o transforma num membro extremamente valioso na equipe. Quando seus colegas começam a divagar, você os traz de volta à questão principal. Seu Foco lembra a cada um que se alguma coisa não o ajuda a se aproximar da meta, então não é importante. E se não é importante, não vale a pena perder tempo com ela. Você mantém todo mundo no caminho certo.

O Foco é assim:

Nick. H., **executivo de TI:** "Para mim, é muito importante ser eficiente. Sou o tipo de sujeito que joga uma partida de golfe em duas horas e meia. Quando estava na empresa Electronic Data Systems, desenvolvi um conjunto de perguntas que me permitia fazer raios X de cada departamento em 15 minutos. O fundador, Ross Perot, me chamava de 'O dentista' porque eu reservava um dia inteiro para entrar e sair dessas reuniões de 15 minutos."

Brad F., **executivo de vendas:** "Estou sempre classificando prioridades, tentando encontrar o caminho mais eficiente para um objetivo, de modo que haja muito pouco tempo perdido, muito pouco desperdício de movimento. Por exemplo, recebo inúmeros telefonemas de clientes que precisam que eu entre em contato com o departamento de assistência para eles. Em vez de fazer isso a cada chamada, interrompendo as prioridades do dia, vou juntando os recados e, numa única ligação no fim do expediente, resolvo tudo."

Mike L., **administrador:** "Todos se espantam ao ver como ponho as coisas em perspectiva e me mantenho no rumo. Quando as pessoas se atolam em problemas e ficam paralisadas por barreiras imaginárias, consigo dar um salto com vara por cima delas, restabelecer o foco e manter as coisas em movimento."

Doriane L., **dona de casa:** "Sou o tipo de pessoa que gosta de ir direto ao ponto – em conversas, no trabalho ou mesmo quando faço compras com meu marido. Ele gosta de experimentar muitas roupas e se diverte com isso, enquanto eu experimento uma roupa e, se gosto e não é caríssima, compro logo. Sou uma consumidora cirúrgica."

Ideias para ação

- Quando estabelecer metas, discipline-se a incluir cronogramas e métricas. Estes fornecerão provas frequentes de que você está, de fato, fazendo progressos.
- Procure papéis em que você possa agir com independência. Com seus talentos dominantes do tema Foco, você será capaz de permanecer no rumo com pouca supervisão.
- Sua melhor contribuição para a equipe pode ser ajudar os outros a estabelecer metas. No fim das reuniões, assuma a responsabilidade de resumir o que foi decidido, de definir quando tais decisões serão implementadas e de marcar uma data para que o grupo volte a se reunir.
- Os outros pensarão, agirão e falarão com menos eficiência do que você. Preste atenção. Às vezes esses "desvios" levam a descobertas e alegrias.
- Estenda suas metas para além do trabalho. Se perceber que está se tornando focado demais no lado profissional, estabeleça objetivos para a vida privada. Eles darão peso às suas prioridades pessoais e, assim, ajudarão a criar equilíbrio em sua vida.
- As horas podem voar quando você está concentrado em uma tarefa e perde a noção do tempo. Garanta o cumprimento de todos os seus objetivos e prioridades fazendo um cronograma para seu trabalho e atendo-se a ele.
- Você funciona melhor quando consegue se concentrar em

algumas iniciativas e demandas bem definidas. Permita-se rejeitar projetos ou tarefas que não se alinham com sua missão. Isso vai ajudá-lo a concentrar seus esforços nas prioridades mais importantes – e ajudará os outros a apreciar sua necessidade de foco.
- Reserve algum tempo para registrar por escrito quais são suas aspirações e consulte-as com frequência. Você vai se sentir mais no controle da sua vida.
- No trabalho, não deixe de dizer para seu gestor quais são seus objetivos de médio e curto prazo. Isso pode fazer com que seu superior se sinta confiante para lhe dar o espaço de que você precisa.
- Garanta que os aspectos fundamentais estabelecidos por você levem em consideração tanto a quantidade quanto a qualidade. A integridade de seus objetivos vai garantir que a aplicação de seus talentos do tema Foco o leve a um sucesso sólido e duradouro.

Como trabalhar com quem se destaca no tema Foco

- Quando houver projetos com prazos críticos, tente envolver pessoas com Foco. Elas vão honrar cronogramas e compromissos. Assim que estiverem de posse de um projeto com um prazo, elas concentrarão todas as suas energias na tarefa até que seja concluída.
- Fique ciente de que reuniões desestruturadas incomodarão pessoas com Foco. Por isso, quando elas estiverem presentes em uma reunião, tente seguir o que foi programado.

- Não espere que pessoas com Foco sejam sempre sensíveis aos sentimentos dos outros. Sua prioridade costuma ser realizar o trabalho, não lidar com suscetibilidades de colegas.

Futurista

"Não seria incrível se..." Você é o tipo de pessoa que gosta de espiar além da linha do horizonte. O futuro o fascina. Como se estivesse projetado na parede, você vê em detalhe o que ele possivelmente lhe reserva, e esse quadro detalhado o impele adiante, na direção do amanhã. Embora o conteúdo preciso do quadro vá depender de seus outros pontos fortes e interesses – um produto melhor, uma equipe melhor, uma vida melhor ou um mundo melhor –, ele será sempre uma fonte de inspiração. Você é um sonhador que tem visão do que pode acontecer e aprecia isso. Quando o presente se mostra frustrante demais e as pessoas ao seu redor, pragmáticas demais, você evoca sua visão do futuro e ela o motiva. E pode motivar outras pessoas também. Na realidade, as pessoas frequentemente o procuram para ouvi-lo descrever sua visão. Querem um cenário que possa estimular suas percepções e, consequentemente, seu espírito. Você consegue pintar esse quadro. Pratique. Escolha as palavras com cuidado. Torne-o o mais nítido possível. As pessoas vão se agarrar à esperança que você traz.

O Futurista é assim:

Dan F., administrador escolar: "Em qualquer situação, eu sou aquele que diz: 'Você já pensou em...? Será que não podíamos... Não acredito que isso não possa ser feito, só que ninguém fez ainda. Vamos pensar em como podemos fazer.' Estou sempre procurando opções, meios de não ser limitado pelo status quo. Na realidade, não existe essa coisa de status quo. Ou você vai para a frente ou vai para trás. Essa é a realidade da vida, pelo menos do meu ponto de vista. E, neste exato momento, acredito que minha profissão está andando para trás. As escolas estão sendo substituídas por ensino domiciliar, cursos a distância. Precisamos nos libertar de nossas tradições e criar um novo futuro."

Jan K., clínico geral: "Aqui na Clínica Mayo vamos lançar um grupo chamado Hospitalistas. O paciente, em vez de passar de um especialista a outro durante a internação, receberá os cuidados de uma família de profissionais de saúde. Antevejo 15 a 20 médicos de variados gêneros e etnias e 20 a 25 enfermeiros. Haverá quatro ou cinco novos serviços hospitalares, a maioria dos quais funcionará com cirurgiões e fornecerá cuidados pós-operatórios, assim como cuidados para os pacientes idosos. Vamos redefinir o modelo de internação. Não cuidaremos dos pacientes apenas quando eles estiverem no hospital. Se um paciente der entrada para uma prótese no joelho, um membro da equipe Hospitalistas irá visitá-lo antes da cirurgia, acompanhá-lo no dia da operação e ao longo de toda a internação, e revê-lo, seis semanas depois, quando ele voltar para o acompanhamento pós-operatório. Vamos oferecer aos pacientes cuidado integral, para que eles não se confundam ao passar por vários médicos. Para conseguir o financiamento, vi o quadro em detalhes na minha cabeça e o descrevi para a chefia do departamento. Acho que fiz a coisa parecer tão real que eles não tiveram alternativa a não ser me conceder a verba."

Ideias para ação

- Escolha funções em que você possa contribuir com ideias sobre o futuro. Por exemplo, você pode se superar em situações de empreendedorismo ou em startups.
- Reserve algum tempo para pensar no futuro. Quanto mais tempo passar examinando suas ideias sobre o que está por vir, mais nítidas elas se tornarão. E quanto mais nítidas, maior seu poder de persuasão.
- Procure plateias que apreciem suas ideias para o futuro. Elas vão esperar que você transforme essa visão em realidade e a expectativa vai motivá-lo.
- Encontre um amigo ou colega que também tenha fortes talentos no tema Futurista. Separe uma hora por mês para discussões sobre o "futuro". Juntos, vocês poderão alcançar novos patamares de criatividade e maior clareza em suas visões.
- Associe-se a alguém com fortes talentos no tema Ativação. Esse indivíduo pode lembrá-lo de que você não descobre o futuro, mas o cria a partir de ações realizadas hoje.
- Você inspira os outros com suas imagens do futuro, porém seu pensamento talvez seja amplo demais para ser totalmente compreendido. Ao articular sua visão, procure des-

crevê-la em detalhes, com palavras vibrantes e metáforas. Torne suas ideias mais concretas por meio de esboços, planos de ação passo a passo ou modelos concretos, para que os outros possam captar prontamente seu objetivo.

- Cerque-se de pessoas dispostas a colocar sua visão em prática. Elas se sentirão estimuladas por seus talentos no tema Futurista e você poderá aproveitar a energia delas para transformar sua visão em realidade.

- Esteja preparado para oferecer sustentação lógica a seu pensamento futurista. Sua visão empolgante sobre o sucesso futuro será mais bem recebida se estiver fundamentada em possibilidades concretas.

- Seus talentos no tema Futurista podem lhe dar condições para ser guia e instrutor de outras pessoas. Elas talvez não sejam capazes de ver além do horizonte com a mesma facilidade. Se tiver uma visão sobre o que alguém pode ser ou fazer, não presuma que esse indivíduo está ciente desse potencial. Compartilhe o que você vê da forma mais detalhada possível. Assim você pode inspirar essa pessoa para que ela avance.

- Pensar no futuro é algo natural para você. Leia artigos sobre tecnologia, ciência e pesquisa para ganhar conhecimentos que servirão de combustível para sua imaginação.

Como trabalhar com quem se destaca no tema Futurista

- Tenha em mente que pessoas com forte talento no tema Futurista vivem para o futuro. Peça que compartilhem suas visões – sobre a carreira, sobre sua organização, o mercado ou sua área de atuação em geral.

- Estimule essas pessoas conversando com frequência sobre o que pode vir a acontecer. Faça muitas perguntas. Insista para que elas tornem o que veem o mais nítido possível.
- Mande para aqueles com talento no tema Futurista todos os artigos publicados e informações pelos quais eles possam ter algum interesse. Eles precisam de combustível para sua fábrica futurista de ideias.

Harmonia

Você procura áreas de consenso. Como, do seu ponto de vista, há pouco a ganhar com conflitos e atritos, você busca limitá-los ao mínimo possível. Quando sabe que as pessoas ao seu redor têm pontos de vista diferentes, você tenta encontrar um terreno comum. Procura desviá-las do confronto e fazê-las tomar o rumo da harmonia. Na realidade, esse é um dos valores que o guiam. Você mal pode acreditar que as pessoas percam tanto tempo tentando impor suas convicções aos outros. Não seríamos todos mais produtivos se, em vez de insistir em nossas opiniões, procurássemos o consenso e o apoio mútuo? Você acredita que sim e vive de acordo com essa crença. Enquanto outros estão divergindo em relação a metas, reivindicações e opiniões defendidas com fervor, você mantém a tranquilidade. Quando os outros partem numa determinada direção, você, pelo bem da harmonia, modifica de bom grado seus próprios objetivos para harmonizá-los com os deles (desde que os valores básicos dessas pessoas não se choquem com os seus). Quando os outros se põem a debater suas teorias ou seus conceitos prediletos, você evita a polêmica, preferindo falar de coisas práticas sobre as quais todos podem concordar. Do seu ponto de vista, estamos todos no mesmo barco e precisamos dele para chegar a nosso destino. É um bom barco. Não precisamos sacudi-lo só para mostrar que podemos.

A Harmonia é assim:

Jane C., monja beneditina: "Gosto de gente. Eu me relaciono facilmente com as pessoas porque não tenho dificuldade em me adaptar. Como assumo a forma do recipiente onde sou derramada, não me irrito por qualquer motivo."

Chuck M., professor: "Não gosto de conflitos na sala de aula, mas aprendi a deixar as coisas seguirem seu curso em vez de tentar contê-las de imediato. Quando comecei a lecionar, se um aluno dizia alguma coisa negativa, eu pensava 'Ah, por que você tinha de dizer isso?' e tentava desviar a atenção na mesma hora. Mas agora apenas procuro ouvir a opinião de outra pessoa na turma, para que possamos ter diferentes pontos de vista sobre o mesmo assunto."

Tom P., técnico esportivo: "Posso me lembrar nitidamente de quando tinha 10 ou 11 anos e algumas crianças da minha escola começavam a discutir. Por algum motivo, eu me sentia compelido a me meter e encontrar um acordo. Era o pacificador."

Ideias para ação

- Use seus talentos do tema Harmonia para construir uma rede de pessoas com perspectivas diferentes. Confie nelas quando tiver necessidade de orientação especializada.

Sua receptividade a perspectivas diferentes vai ajudá-lo a aprender.

- Quando duas pessoas estão discutindo, peça a outros no grupo que compartilhem suas ideias. Ao incluir um número maior de vozes na conversa, é mais fácil encontrar áreas em que todos concordem. Você tem o poder de unir as pessoas.
- Evite funções que o levarão a entrar em confrontos diários. Você se sentirá mal ou frustrado em posições que envolvam, por exemplo, técnicas de venda agressivas ou ambientes altamente competitivos.
- Pratique técnicas para solucionar conflitos sem confrontos. Sem essas técnicas bem azeitadas, você vai se pegar simplesmente fugindo do conflito e deixando o problema sem solução, o que pode levá-lo a adotar um comportamento passivo-agressivo.
- Associe-se a alguém que seja especialmente talentoso em Comando ou Ativação. Quando seus esforços para solucionar um conflito tiverem fracassado, essa pessoa poderá ajudá-lo a encará-lo de frente.
- Crie interações e fóruns em que as pessoas sintam que suas opiniões estão sendo realmente valorizadas. Com isso, você ajudará os outros a se envolverem mais em projetos e atividades de grupo.
- Esteja ciente de que suas tentativas de criar harmonia permitindo que todos tenham sua vez para falar podem acabar gerando desarmonia em algumas pessoas. Indivíduos com talentos excepcionais de Realização, por exemplo, talvez se sintam ansiosos por tomar decisões e agir. Aprenda a comunicar de forma sucinta mas eficiente a importância de sabermos ouvir uns aos outros.

- Compreenda que algumas pessoas podem tentar tirar vantagem de seu esforço para estabelecer a harmonia. Às vezes, quando todos têm oportunidade de falar, alguns indivíduos desperdiçam tempo tomando posição ou entrando em debates grandiosos com pouca ou nenhuma relevância para a situação em questão. Nessas ocasiões, não hesite em interromper e desviar o assunto para questões mais práticas. O equilíbrio entre ouvir e manter a eficiência é fundamental para a harmonia.
- Em discussões, procure o lado prático. Ajude os outros a enxergá-lo. É o primeiro passo para o entendimento.
- Você pratica a deferência com naturalidade. Para você, é fácil sair do caminho quando alguém com conhecimentos superiores entra em campo. Dê o passo seguinte convidando pessoas com mais experiência para orientá-lo.

Como trabalhar com quem se destaca no tema Harmonia

- Sempre que possível, afaste de conflitos as pessoas que se destacam no tema Harmonia. Tente não incluí-las em reuniões nas quais seja quase certo haver discussões, porque elas não vivem seus melhores momentos em confrontos com os outros.
- Não desperdice tempo discutindo assuntos polêmicos com pessoas que se destacam no tema Harmonia. Elas não apreciam o debate em si. Em vez disso, mantenha a discussão focada em assuntos práticos em relação aos quais providências claras possam ser tomadas.

- Quando os outros estão paralisados por discordâncias, as pessoas com talentos de Harmonia podem ajudar a resolver o impasse. Elas não vão necessariamente resolver o assunto em questão, mas ajudarão os envolvidos a encontrar áreas nas quais haja acordo. Esse campo comum pode ser o primeiro passo para o trabalho em grupo produtivo.

Ideativo

Você é fascinado por ideias. O que é uma ideia? É um conceito, a melhor explicação para a maioria dos fatos. Você se delicia quando descobre, sob a complexidade da superfície, um conceito elegantemente simples para explicar por que as coisas são como são. Uma ideia é uma conexão. Sua mente é do tipo que está sempre procurando conexões e você fica intrigado quando fenômenos aparentemente díspares podem ser associados por alguma conexão obscura. Uma ideia é uma nova perspectiva para desafios que nos são familiares. Você se diverte pegando o mundo que todos nós conhecemos e virando-o pelo avesso para que possamos vê-lo de um ângulo esquisito, mas estranhamente esclarecedor. Você ama todas essas ideias porque elas são profundas, porque são inusitadas, porque são esclarecedoras, porque são contraditórias, porque são bizarras. Por todas essas razões, você sente uma corrente de energia sempre que algo novo lhe ocorre. As pessoas podem rotulá-lo de criativo, original, conceitual ou mesmo brilhante. Talvez você seja tudo isso. Quem pode saber ao certo? O que você sabe é que ideias são emocionantes. E, na maior parte do tempo, isso basta.

O Ideativo é assim:

Mark B., escritor: "Minha mente trabalha encontrando conexões entre as coisas. Outro dia, eu estava em busca da *Mona Lisa* no Museu do Louvre. Ao dobrar uma esquina, fui ofuscado pelo espocar de mil flashes de câmeras fotografando o pequeno quadro. Por alguma razão, guardei essa imagem. Então reparei numa placa onde estava escrito "Proibido fotografar com flash" e também a registrei. Achei estranho, porque me lembrei de ter lido que fotos com flash podem danificar pinturas. Pois bem, uns seis meses mais tarde, li que a *Mona Lisa* fora roubada pelo menos duas vezes no século XX. E de repente juntei os pontos. A única explicação para todos esses fatos é que o quadro verdadeiro não está em exposição no Louvre. Ele foi roubado e o museu, com medo de admitir a negligência, expõe uma cópia em seu lugar. Não sei se isso é verdade, claro, mas é uma grande história."

Andrea H., designer de interiores: "Tenho o tipo de mente que precisa encaixar tudo, senão começo a me sentir muito esquisita. Para mim, cada móvel representa uma ideia e tem uma função discreta de modo tanto independente quanto em conjunto com todas as outras peças. A 'ideia' de cada móvel é tão poderosa na minha cabeça que precisa ser obedecida. Se estou sentada em um aposento em que as poltronas, de algum modo, não cumprem sua discreta função – são do tipo errado, estão colocadas na direção errada ou próximas demais da mesa de centro –, eu sinto um desconforto palpável e me distraio mentalmente. Mais tarde, não serei capaz de tirar aquilo da cabeça. Eu me pego acordada às três da madrugada e, na minha mente, caminho pela casa daquela pessoa, reorganizando a mobília e pintando as paredes. Isso começou a acontecer quando eu era muito jovem, quando tinha uns 7 anos."

Ideias para ação

- Procure uma carreira em que você receba crédito e seja pago por suas ideias, como marketing, publicidade, jornalismo, design ou desenvolvimento de produtos.
- Você é propenso a se entediar depressa, por isso faça algumas pequenas mudanças no trabalho e na vida doméstica. Experimente. Faça jogos mentais consigo mesmo. Tudo isso o ajudará a se manter motivado.
- Conclua seus pensamentos e suas ideias antes de comunicá-los. Desprovidas dos mesmos talentos, outras pessoas talvez não consigam preencher as lacunas de uma ideia interessante mas incompleta, por isso podem descartá-la.
- Nem todas as suas ideias serão igualmente práticas ou úteis. Aprenda a editá-las ou encontre um amigo ou colega de sua confiança que possa "testá-las" e identificar seus pontos fracos.
- Compreenda o que alimenta seus talentos no tema Ideativo: quando suas melhores ideias aparecem? Quando está conversando com as pessoas? Quando está lendo? Quando está simplesmente ouvindo e observando? Tome nota das circunstâncias que parecem produzir as melhores ideias e procure recriá-las.
- Reserve algum tempo para ler, porque as percepções e experiências dos outros podem se tornar matéria-prima

para novas ideias. Também reserve algum tempo para pensar, pois pensar o estimula.
- Você tem um talento natural para pesquisa e desenvolvimento. Você aprecia o modo de pensar dos visionários e dos sonhadores. Passe algum tempo com colegas dotados de imaginação e esteja presente em suas sessões de brainstorming.
- Associe-se a alguém com fortes talentos no tema Analítico. Essa pessoa o questionará e o desafiará, levando-o a tornar suas ideias mais fortes.
- Às vezes os outros perdem o interesse em suas contribuições porque não conseguem seguir seu raciocínio abstrato e conceitual. Torne suas ideias mais concretas usando desenhos, analogias ou metáforas, ou simplesmente explicando seus conceitos passo a passo.
- Alimente seus talentos no tema Ideativo reunindo conhecimentos. Estude áreas e setores diferentes do seu. Aplique ideias vindas de fora, vincule conceitos díspares para gerar novas ideias.

Como trabalhar com quem se destaca no tema Ideativo

- As pessoas que se destacam no tema Ideativo apreciam o poder das palavras. Quando esbarrar numa combinação de palavras que traduza perfeitamente um conceito, uma ideia ou um padrão, compartilhe com elas. Isso vai estimular o pensamento delas.
- As pessoas com talento Ideativo serão particularmente

eficientes como criadoras de estratégias de vendas, campanhas de marketing, soluções de serviços ao consumidor ou novos produtos. Sempre que possível, procure aproveitar ao máximo essa capacidade criativa.

- Tente alimentar com novas ideias as pessoas com talento Ideativo. É o que as nutre. Elas não só se sentirão mais entusiasmadas com o trabalho como também usarão os novos conceitos para gerar novas percepções e descobertas próprias.

Imparcialidade

O equilíbrio é importante para você, que tem profunda consciência da necessidade de tratar as pessoas de forma igualitária, não importa a posição que ocupem na vida. Por isso você não quer ver um prato da balança pendendo a favor de ninguém. Do seu ponto de vista, isso leva ao egoísmo e ao individualismo. Leva a um mundo onde algumas pessoas obtêm vantagens injustas em razão de seus contatos, de sua origem ou do dinheiro com que azeitaram as engrenagens. Isso lhe parece realmente ofensivo. Você se vê como uma sentinela contra esse estado de coisas. Em contraste marcante com esse mundo de favores especiais, acredita que as pessoas funcionam melhor num ambiente estável em que as regras sejam claras e aplicadas igualmente a todos. Um ambiente previsível e imparcial, em que as pessoas saibam o que se espera delas. É justo. Assim cada indivíduo tem a mesma possibilidade de mostrar seu valor.

A Imparcialidade é assim:

Simon H., gerente geral de um hotel: "Frequentemente lembro a meus gerentes que não devem abusar dos privilégios no estacionamento ou no campo de golfe quando há hóspedes à espera. Eles detestam quando chamo atenção para esse tipo de situação, mas simplesmente não gosto quando os outros abusam de suas vantagens. Passo também muito tempo com nossos funcionários diaristas. Tenho um tremendo respeito por eles."

Jamie K., editora de revista: "Sou daqueles que sempre torcem pelos mais fracos. Detesto quando alguém não tem uma chance justa por causa de alguma circunstância que foge a seu controle. Por isso decidi pôr mãos à obra e criar uma bolsa de estudos, na minha antiga universidade, para que alunos do curso de jornalismo com recursos financeiros limitados possam participar de programas de estágio no mercado sem se preocupar com o pagamento das anuidades. Eu tive sorte. Quando fiz estágio na NBC, em Nova York, minha família pôde me bancar. Algumas famílias não podem, mas esses alunos merecem uma chance."

Ben F., gerente de operações: "Sempre dê crédito a quem merece: esse é o meu lema. Se estou numa reunião e menciono uma ideia trazida por alguém da minha equipe, tomo o cuidado de atribuí-la publicamente a essa pessoa. Por quê? Porque meus chefes sempre agiram assim comigo e isso me parece a coisa justa e correta a fazer."

Ideias para ação

- Faça uma lista de regras de imparcialidade que sirvam para nortear sua vida. Elas podem se basear em certos valores pessoais ou em certos princípios que você considera "inegociáveis". Por mais estranho que pareça, quanto mais clareza tiver a respeito dessas regras, mais confortável você se sentirá com a individualidade dentro desses limites.

- Procure funções em que você possa ser uma força para criar condições equânimes para todos. No trabalho ou na comunidade, torne-se um líder, fornecendo a plataforma necessária para que os menos privilegiados demonstrem seu verdadeiro potencial.
- Cultive a reputação de apontar quem realmente merece o crédito. Garanta que aqueles que de fato realizaram a tarefa sempre o recebam. Você pode se tornar conhecido como a consciência de sua organização ou seu grupo.
- Encontre um cargo em que possa assegurar o cumprimento de um conjunto de normas. Esteja sempre pronto a desafiar quem desrespeita as regras ou "dá um jeitinho" para ganhar alguma vantagem injusta.
- Mantenha o foco no desempenho. Seus talentos de Imparcialidade podem levá-lo ocasionalmente a se preocupar demais com *como* os outros fazem o trabalho e ignorar *o que* conseguem fazer.
- Por valorizar a igualdade, você acha difícil lidar com indivíduos que distorcem as normas para se beneficiar. Seus talentos de Imparcialidade podem ajudá-lo a esclarecer regras, filosofias e procedimentos de forma a garantir que sejam aplicados em todos os setores com uniformidade. Pense em esboçar protocolos para garantir que tais regras estejam estabelecidas com clareza.
- Associe-se a alguém com poderosos talentos de Excelência ou Individualização. Eles podem lembrá-lo de momentos em que seja apropriado acomodar as diferenças individuais.

- Pratique sempre o que prega. Isso estabelece o tom da equidade e encoraja a observância pacífica.
- Os outros apreciarão seu compromisso natural com a coerência entre o que prometeu e o que entregou. Defenda sempre aquilo em que acredita, mesmo diante de forte resistência. Você colherá benefícios duradouros.
- Utilize seus talentos de Imparcialidade quando tiver necessidade de comunicar notícias "não muito agradáveis". Você pode ser naturalmente adepto de ajudar os outros a entender o raciocínio por trás de uma decisão, o que tornará a situação mais fácil para seus colegas – e para você.

Como trabalhar com quem se destaca no tema Imparcialidade

- Ofereça apoio a pessoas com talentos de Imparcialidade em tempos de grandes mudanças. Elas se sentem mais confortáveis com padrões previsíveis com os quais estão bem familiarizadas.
- As pessoas que se destacam no tema Imparcialidade se inclinam para a prática e vão preferir realizar tarefas e tomar decisões em vez de fazer trabalhos abstratos como brainstorming ou planejamento de longo prazo.
- Quando chegar a hora de reconhecer o mérito dos participantes de um projeto concluído, peça às pessoas com esse talento para indicar a contribuição de cada um. Elas vão garantir que todos recebam os elogios merecidos.

Inclusão

"Amplie o círculo." Essa é a filosofia que orienta sua vida. Você quer incluir as pessoas e fazer com que se sintam parte do grupo. Ao contrário daqueles que só se sentem atraídos por grupos "exclusivos", você evita ativamente os círculos que excluem, pois quer sempre expandi-los, para que o maior número possível de pessoas possa receber apoio. Você detesta a visão de alguém do lado de fora olhando para dentro e por isso quer atrair os excluídos, para que eles possam se sentir acolhidos pelo grupo. Você é uma pessoa naturalmente acolhedora. Não importa a etnia, o sexo, a nacionalidade, o tipo de personalidade ou a fé: você faz poucos julgamentos, pois eles podem ferir os sentimentos de alguém. Por que fazer isso quando se pode evitar? Seu temperamento acolhedor não se fundamenta necessariamente na crença em que cada indivíduo é único e que devemos respeitar as diferenças, mas, antes, em sua convicção de que, em essência, somos todos iguais. Somos todos igualmente importantes. Assim, ninguém deve ser ignorado. Todos devem ser incluídos. É o mínimo que cada um de nós merece.

A Inclusão é assim:

Harry B., consultor de recolocação: "Mesmo na infância, apesar de ser muito tímido, sempre me assegurei de ser aquele que convidava os outros para brincar. Ao organizar os times ou grupos, nunca deixava ninguém de fora. Na verdade, lembro-me de uma ocasião, quando tinha 10 ou 11 anos, em que estávamos em um jantar paroquial. Um amigo meu que não frequentava a igreja apareceu na porta, porque em geral nos encontrávamos lá. Eu me levantei na mesma hora, levei-o até a mesa de minha família e fiz com que se sentasse."

Jeremy B., advogado de defesa: "Quando comecei esse trabalho, ao conhecer uma pessoa, travava logo uma grande amizade, quase desde o primeiro dia, só para descobrir mais tarde que a pessoa tinha um monte de problemas e eu já a havia incluído em jantares e no nosso círculo social. Meu sócio, Mark, perguntava: 'O que exatamente o fez querer incluir esse indivíduo?' Então eu procurava descobrir o que me motivara ao conhecer aquela pessoa, o que me fizera gostar tanto dela. E então cuidava para que Mark e eu nos concentrássemos nesse aspecto da pessoa... porque, depois que incluo alguém no meu círculo, não descarto mais."

Giles D., instrutor corporativo: "Nas aulas, acho que sou capaz de sentir quando alguém está se distanciando das questões em debate pelo grupo e imediatamente o trago de volta para a conversa. Semana passada, entramos numa longa discussão sobre avaliações de desempenho, e havia uma moça que não dizia nada. Então falei: 'Mônica, você passou por avaliações de desempenho. Alguma ideia sobre o tema?' Isso tem me ajudado como professor, porque, quando não sei a resposta para alguma coisa, é muito comum que ela seja fornecida pela pessoa que acabei de trazer para a discussão."

Ideias para ação

- Pense em assumir funções em que você possa ser responsável por representar vozes que não costumam ser ouvidas. Você sentirá muita satisfação em ser o porta-voz dessas pessoas.
- Procure oportunidades de reunir indivíduos de diversas culturas e formações. Você pode se tornar uma liderança nessa área.
- Ajude aqueles que são novos na organização ou no grupo a conhecer os colegas. Você está sempre disposto a fazer com que as pessoas se sintam aceitas e envolvidas.
- Por ser antielitista, você pode entrar em choque com aqueles que se sentem no direito de manter privilégios e poder. Em vez de questionar suas alegações, use seus talentos no tema Inclusão para ajudar todos a encontrar pontos em comum e valorizar as contribuições de cada um.
- Reconheça o desconforto que você sente quando precisa dar notícias ruins. Procure parceiros que possam ajudá-lo a justificar sua posição para que você não precise se desculpar ou suavizar demais a mensagem.
- Nem todos são agradáveis ou mesmo toleráveis. Enquanto muitos de seus amigos ou colegas podem se sentir perturbados por pessoas difíceis, você tem uma habilidade

natural para se importar de verdade com os outros. Deixe que saibam que podem contar com sua ajuda se estiverem a ponto de perder a paciência com um indivíduo problemático.

- Escolha funções em que você possa trabalhar e interagir constantemente com as pessoas. Você apreciará o desafio de fazer com que todos se sintam importantes.
- Associe-se a alguém com talentos dominantes nos temas Ativação ou Comando. Essa pessoa poderá ajudá-lo a dar notícias que podem magoar alguém.
- Perceba que as pessoas se relacionarão entre si por seu intermédio. Você é um condutor de informações. Consegue interagir com todos os integrantes de um grupo e mantê-los efetivamente interligados.
- Mostre o que todos temos em comum. Ajude os outros a compreender que, para respeitar as diferenças entre nós (nossa diversidade), devemos começar entendendo o que é compartilhado por todos (nossas semelhanças).

Como trabalhar com quem se destaca no tema Inclusão

- Ao trabalhar com grupos, peça a pessoas que se destacam no tema Inclusão que garantam que todos se sintam incluídos. Elas se esforçarão para que nenhum indivíduo ou equipe sejam ignorados.
- Peça a pessoas que se destacam em Inclusão para ajudá-lo a pensar nos clientes em potencial, nos mercados e nas oportunidades que estão fora de seu alcance no momento.

- Se você não se sente à vontade em eventos sociais, fique junto de pessoas boas em Inclusão. Elas vão garantir que você faça parte das conversas.

Individualização

O tema Individualização o leva a se interessar pelas singularidades de cada pessoa. Você se impacienta com generalizações ou "tipos" porque não quer obscurecer o que é especial e inconfundível em cada um. Na realidade, você se concentra nas diferenças entre os indivíduos. Naturalmente observa o estilo de cada um, suas motivações, sua forma de pensar e de construir relacionamentos. Atenta para as histórias mais singulares da vida da pessoa. Esse tema explica por que você escolhe o presente de aniversário perfeito para seus amigos, por que sabe que uma pessoa prefere ser elogiada em público e outra detesta, e por que molda seu estilo de ensino para satisfazer tanto quem precisa receber tudo mastigado quanto quem gosta de "descobrir por si mesmo". Sendo um observador tão perspicaz dos pontos fortes dos outros, você consegue extrair o melhor de cada um. O tema Individualização também o ajuda a construir equipes produtivas. Enquanto alguns procuram o "processo" ou a "estrutura" ideais para a equipe, você instintivamente sabe que o segredo é combinar os pontos fortes individuais de tal modo que todos possam fazer muito do que fazem de melhor.

A Individualização é assim:

Les T., gerente de hotel: "Carl é um dos nossos funcionários mais eficientes, mas ainda precisa me consultar todas as semanas. Ele quer apenas um pouco de incentivo e troca de ideias, e fica um pouco mais estimulado depois dessa reunião. Greg não gosta de ter tantas reuniões e por isso não há motivo para incomodá-lo. E, quando nos encontramos, é porque eu preciso, não ele."

Marsha D., editora executiva: "Às vezes eu saía do escritório e... Sabe aqueles personagens dos quadrinhos desenhados com um balão de pensamentos na cabeça? Eu via aqueles balõezinhos sobre a cabeça de todo mundo me dizendo o que estavam pensando. Parece esquisito, não é? Mas acontece o tempo todo."

Andrea H., designer de interiores: "Quando perguntamos às pessoas qual é seu estilo, elas acham difícil responder. Por isso pergunto apenas: 'Qual é seu lugar favorito na casa?' Nesse momento o rosto delas se ilumina e elas sabem exatamente o que responder. A partir desse lugar especial, posso começar a perceber que tipo de pessoa são e qual é seu estilo."

Ideias para ação

- Selecione uma vocação na qual seus talentos de Individualização possam ser usados e apreciados ao mesmo tempo, como consultoria, supervisão, ensino, redação de artigos ou vendas. Sua capacidade de enxergar as pessoas como indivíduos singulares é um talento especial.

- Transforme-se em um especialista na descrição de seus pontos fortes e de seu estilo. Por exemplo, responda a perguntas como "Qual foi o maior elogio que você recebeu?", "Com que frequência gosta de entrar em contato com seu gestor?", "Qual é o melhor método para construir relacionamentos?", "Como você aprende melhor?". Depois, faça as mesmas perguntas a colegas e amigos. Ajude-os a planejar o que está por vir a partir de seus pontos fortes, projetando então um futuro baseado no que sabem fazer de melhor.
- Ajude outras pessoas a compreender que a verdadeira diversidade pode ser encontrada nas diferenças sutis entre cada indivíduo – independentemente de raça, gênero ou nacionalidade.
- Explique que é apropriado, justo e eficiente tratar cada um de forma diferente. Quem não tem fortes talentos no tema Individualização talvez não seja capaz de discernir as diferenças entre os indivíduos, insistindo que a individualização é desigual e, portanto, injusta. Você precisará descrever seu ponto de vista de forma detalhada para ser persuasivo.
- Descubra o que cada um em sua equipe faz de melhor. Em seguida, ajude-os a capitalizar seus talentos, habilidades e conhecimentos. Talvez seja preciso explicar seu modo de pensar e sua filosofia de trabalho para que as pessoas entendam que você tem em mente o melhor para elas.
- Você está ciente e sabe avaliar o que os outros gostam ou deixam de gostar e dispõe da capacidade de dar atenção personalizada. Isso o coloca numa posição única. Empregue seus talentos de Individualização para ajudar

a identificar as áreas nas quais não é possível adotar a mesma solução para todos os casos.

- Faça com que seus colegas e amigos fiquem cientes das necessidades específicas de cada um. Algumas pessoas poderão procurá-lo para entender as ações e motivações dos outros.

- As ocasiões para falar em público e fazer apresentações serão mais envolventes quando você relacionar o tema às experiências das pessoas na plateia. Use os talentos de Individualização para reunir e compartilhar histórias reais que darão mais clareza ao que você quer dizer e serão mais eficientes do que desfiar informações genéricas ou teóricas.

- Você transita confortavelmente numa ampla gama de estilos e de culturas e intuitivamente personaliza suas interações. Empregue todo o potencial desses talentos de forma consciente e proativa, liderando iniciativas comunitárias e a favor da diversidade.

- Os talentos de Individualização podem ajudá-lo a ter diferentes abordagens na hora de interpretar dados. Enquanto os outros procuram semelhanças, faça questão de identificar particularidades. Suas interpretações vão contribuir com um ponto de vista valioso.

Como trabalhar com quem se destaca no tema Individualização

- Quando tiver dificuldade de entender a perspectiva de outra pessoa, recorra àqueles com grandes talentos em

Individualização para conseguir ter alguns insights. Eles têm a capacidade de lhe mostrar o mundo a partir do olhar do outro.

- Se quiser saber mais sobre seus talentos específicos e como você sobressai no meio da multidão, pergunte a pessoas que se destacam no tema Individualização.
- Converse com pessoas boas em Individualização quando tiver problemas com um subordinado. Sua intuição sobre a ação apropriada para cada indivíduo será sólida.

Input

Você é curioso. Um colecionador. Pode colecionar informações – palavras, fatos, livros e citações – ou objetos concretos, como borboletas, bonecas de porcelana ou fotos antigas. Seja o que for, você coleciona porque aquilo o interessa. E sua mente é do tipo que encontra muitas coisas interessantes. O mundo é emocionante precisamente por causa de sua infinita variedade e complexidade. Se você lê bastante, não é necessariamente para refinar suas teorias, mas para acrescentar mais informação a seus arquivos. Se gosta de viajar, é porque cada novo destino lhe proporciona novos fatos e artefatos. Eles podem ser recolhidos e armazenados. Por que vale a pena guardá-los? Muitas vezes, no momento em que decide fazê-lo, é difícil dizer exatamente onde ou por que precisará deles – mas quem há de saber quando poderão ser úteis? Com tantos possíveis usos em mente, você simplesmente não se sente bem jogando nada fora. Então continua recolhendo, coletando, arquivando. Isso lhe parece interessante. Mantém sua mente aberta. E talvez um dia alguma dessas coisas venha a se mostrar útil.

O Input é assim:

Ellen K., escritora: "Quando eu era criança, queria saber tudo. Transformava meus questionamentos numa brincadeira: 'Qual é minha pergunta de hoje?' Inventava as perguntas mais mirabolantes e saía à procura dos livros que as responderiam. Era comum ir muito além da minha capacidade de compreensão e mergulhar em volumes dos quais nada entendia, mas eu os lia porque a resposta que eu procurava estava ali em algum lugar. As perguntas se tornaram a ferramenta para me levar de uma informação a outra."

John F., executivo de recursos humanos: "Sou uma daquelas pessoas que acham que a internet é a coisa mais incrível desde a invenção do pão de fôrma. Eu costumava ficar muito frustrado, mas agora, se quiser saber qual é o desempenho da bolsa de valores em determinada área, quais são as regras de um certo esporte, qual é o PIB da Espanha ou qualquer outra coisa, basta ir até o computador e pesquisar um pouco que acabo encontrando."

Kevin F., vendedor: "Fico espantado com uma parte do lixo que se acumula na minha cabeça e adoro jogos de perguntas e respostas sobre conhecimentos gerais. Não me importo em jogar coisas fora, desde que sejam coisas materiais, mas detesto desperdiçar conhecimento ou não ser capaz de ler tudo sobre algum assunto que eu realmente aprecio."

Ideias para ação

- Procure empregos em que você seja encarregado de adquirir novas informações a cada dia, como ensino, pesquisa ou jornalismo.
- Crie um sistema para armazenar e localizar informações com facilidade. Pode ser algo tão simples quanto uma pasta para todas as reportagens que você recortou ou tão sofisticado quanto um banco de dados no computador.
- Associe-se a alguém com talentos dominantes nos temas Foco ou Disciplina. Essa pessoa o ajudará a se manter no rumo quando sua curiosidade o levar por caminhos intrigantes mas dispersivos.
- Sua mente é aberta e capaz de assimilar muitas coisas. Você naturalmente se impregna de informação como uma esponja absorve água. Mas, assim como a principal utilidade da esponja não é reter permanentemente o que absorveu, você também não deve apenas colecionar informações. A entrada sem saída pode levar à estagnação. Ao reunir e absorver informações, esteja ciente de quem são os indivíduos e os grupos que poderão se beneficiar mais de seus conhecimentos e procure compartilhá-los de modo deliberado.
- Você pode ser naturalmente um repositório excepcional de fatos, dados e ideias. Se for o caso, não tenha medo de assumir a posição de especialista. Ao seguir seus talentos de Input, você pode se tornar conhecido como uma autoridade na sua área.
- Lembre-se que você deve ser mais do que apenas um acumulador de informações. Em algum momento, é pre-

ciso lançar mão desse conhecimento e transformá-lo em ação. Faça questão de identificar os fatos e os dados que seriam mais úteis para os outros e use essa informação para ajudá-los.

- Identifique suas áreas de especialização e busque ativamente mais informações sobre elas.
- Reserve algum tempo para a leitura de livros e artigos que possam estimulá-lo.
- Desenvolva seu vocabulário de forma deliberada. Colecione novas palavras e descubra o significado de cada uma delas.
- Identifique situações em que possa compartilhar com outras pessoas as informações coletadas. Também faça questão de deixar que seus amigos e colegas saibam que você gosta de responder a suas perguntas.

Como trabalhar com quem se destaca no tema Input

- Mantenha as pessoas boas em Input informadas das últimas novidades. Elas precisam estar por dentro. Recomende livros, artigos e obras que possam interessá-las.
- Veja se você consegue identificar alguns interesses em comum com pessoas que se destacam no tema Input e compartilhe fatos e histórias sobre esses assuntos. Com frequência, é assim que ótimos relacionamentos têm início.
- Em reuniões, faça questão de pedir informações a pessoas com talentos em Input. Procure oportunidades de aproveitar seu conhecimento abundante.

Intelecção

Você gosta de pensar. Gosta da atividade mental. Gosta de exercitar os "músculos" do cérebro, estendendo-os em todas as direções. Essa necessidade de atividade mental pode ser focada; por exemplo, você pode estar tentando resolver um problema, desenvolver uma ideia ou compreender os sentimentos de alguém, mas o foco exato vai depender de seus outros pontos fortes. Por outro lado, essa atividade mental também pode ser desprovida de foco. O tema Intelecção não determina em que você pensa, mas simplesmente que você gosta de pensar. Você aprecia ficar sozinho, porque esse é seu momento de reflexão e meditação. Você é introspectivo. Num certo sentido, você é sua melhor companhia, questionando a si mesmo e tentando encontrar respostas por conta própria. Essa introspecção pode levá-lo a uma ligeira insatisfação quando você compara o que de fato está realizando com todos os pensamentos e ideias que sua mente concebe. Mas a introspecção também pode conduzi-lo a assuntos mais pragmáticos, como os acontecimentos do dia ou uma conversa que você planeja ter mais tarde. Aonde quer que o leve, esse rumor mental é uma das constantes de sua vida.

A Intelecção é assim:

Lauren H., gerente de projetos: "Acho que a maioria das pessoas presume que eu seja tremendamente extrovertida. Não nego que gosto de gente, mas acho que todos ficariam espantados se soubessem quanto tempo preciso ficar sozinha, quieta, para funcionar bem em público. Eu realmente gosto da minha própria companhia. Gosto da solidão porque ela permite que eu concentre minha atenção difusa em alguma coisa. É de onde saem minhas melhores ideias – elas precisam cozinhar para ficar 'no ponto'. Eu já usava essa imagem quando era mais jovem: 'Pus minhas ideias no fogo e agora tenho que esperar ficarem no ponto.'"

Michael P., executivo de marketing: "É estranho, mas acho que preciso de barulho à minha volta, caso contrário não consigo me concentrar. Preciso que partes do meu cérebro estejam ocupadas, senão ele anda tão depressa e em tantas direções que não consigo fazer nada. Se consigo ocupar meu cérebro com a televisão ou com a correria das crianças pela casa, então percebo que me concentro muito melhor."

Jorge H., gerente de fábrica e ex-prisioneiro político: "Éramos colocados em confinamento numa solitária como punição, mas nunca odiei isso como os outros odiavam. Você pode achar que o normal seria eu ficar deprimido, mas eu não ficava. Usava o tempo para refletir sobre a vida e analisar o tipo de homem que eu era e o que era realmente importante para mim, minha família, meus valores. Estranhamente, a solitária acabava me acalmando e me deixando mais forte."

Ideias para ação

- Considere dar início ou prosseguimento a estudos em filosofia, literatura ou psicologia. Você sempre vai apreciar assuntos que estimulem seu raciocínio.
- Faça uma lista de ideias num diário. Elas servirão para lubrificar seu motor mental e poderão lhe oferecer valiosos insights.
- Desenvolva deliberadamente relacionamentos com pessoas que você considera "grandes pensadores". Seus exemplos vão inspirá-lo a dar foco aos próprios pensamentos.
- Você pode parecer desinteressado ou distante quando fecha a porta ou fica sozinho. Ajude os outros a compreender que se trata apenas de um reflexo de sua forma de pensar e que resulta não de falta de interesse, mas do desejo de contribuir o máximo possível para seus relacionamentos.
- Você vive seus melhores momentos quando dispõe de tempo para seguir um caminho intelectual e ver onde ele vai dar. Envolva-se em projetos e iniciativas quando estiverem no começo, não na etapa de execução. Senão poderá criar desvios numa rota que já havia sido traçada e seus insights chegarão tarde demais.
- Envolver pessoas em debates filosóficos e intelectuais é uma forma que você encontra para entender as coisas. Não é assim com todo mundo. Tenha cuidado para dirigir suas perguntas provocadoras apenas a quem também aprecia um bom debate.
- Reserve algum tempo para pensar. Pode ser revigorante. Use essas ocasiões para meditar e refletir.

- Escreva com calma. A escrita deve ser a melhor forma para você cristalizar e integrar seus pensamentos.
- Encontre pessoas que gostam de falar dos mesmos assuntos que você. Organize grupos de discussão para tratar de temas de seu interesse.
- Encoraje aqueles à sua volta a usar todo o potencial de seu capital intelectual reformulando suas perguntas e envolvendo-os no diálogo. Ao mesmo tempo, perceba que sempre há alguns que ficam intimidados com tudo isso e que precisam de um tempo para refletir antes de ficar na berlinda.

Como trabalhar com quem se destaca no tema Intelecção

- Ao trabalhar com pessoas que se destacam no tema Intelecção, não hesite em desafiar o pensamento delas. É provável que elas não se sintam ameaçadas por isso. Pelo contrário, verão aí um sinal de que você está prestando atenção nelas.
- Quando tiver que encarar livros, artigos ou propostas que precisam de avaliação, peça a pessoas boas em Intelecção que leiam e opinem. Elas adoram ler.
- Aproveite ao máximo o fato de que o pensamento revigora pessoas com talentos em Intelecção. Por exemplo, quando precisar explicar por que algo precisa ser feito, peça a elas que pensem no assunto e o ajudem a encontrar uma explicação bem detalhada.

Organização

Você é um maestro. Diante de uma situação complexa que envolva muitos fatores, gosta de ter o controle de todas as variáveis, alinhando-as e realinhando-as até se convencer de que as combinou na configuração mais produtiva possível. A seu ver, não há nada especial no que está fazendo. Você apenas tenta encontrar o melhor meio de fazer as coisas. Mas outras pessoas, destituídas de talento neste tema, ficam impressionadas com sua capacidade. "Como consegue lidar com tantas coisas ao mesmo tempo?", elas perguntam. "Como pode permanecer tão flexível, tão disposto a arquivar planos já bem estabelecidos por causa de uma rearrumação novinha em folha que acabou de lhe ocorrer?" Você, no entanto, não consegue imaginar outro tipo de comportamento. É um exemplo notável de efetiva flexibilidade, quer esteja alterando horários de viagem no último minuto porque uma tarifa mais baixa surgiu, quer esteja tentando descobrir a melhor combinação de pessoas e recursos para realizar um novo projeto. Do trivial ao complexo, você está sempre procurando a configuração perfeita. Naturalmente, sua capacidade máxima se apresenta em situações dinâmicas. Ao se defrontar com o inesperado, alguns se queixam de que planos elaborados com tanto cuidado não podem ser modificados, enquanto outros buscam refúgio nas normas ou nos procedimentos existentes. Você não faz nem uma coisa nem outra. Simplesmente se joga no meio da confusão, concebendo novas opções, buscando novos caminhos de menor resistência e imaginando novas parcerias – porque, afinal, sempre pode haver um jeito melhor de fazer as coisas.

A Organização é assim:

Sarah P., executiva financeira: "Adoro desafios realmente complicados em que tenho de seguir meu próprio raciocínio e descobrir como todas as peças se encaixam. Algumas pessoas olham uma situação, enxergam trinta variáveis e se atrapalham tentando equilibrar todas elas. Quando olho para a mesma situação, vejo umas três opções. E, por ver apenas três, fica mais fácil tomar uma decisão e colocar tudo no lugar."

Grant D., gerente de operações: "Outro dia recebi uma mensagem de nossa fábrica dizendo que a demanda por um de nossos produtos havia excedido em grande medida o previsto. Pensei por um momento e uma ideia surgiu em minha cabeça. Enviar o produto semanalmente em vez de mensalmente. Então falei: 'Vamos contatar nossas subsidiárias europeias, perguntar qual é a demanda delas, explicar qual é a nossa situação e perguntar qual a demanda semanal delas.' Assim podemos cumprir as exigências sem aumentar nosso estoque. Claro, essa medida vai aumentar o custo do envio das mercadorias, mas é melhor do que ter estoque de mais em um lugar e de menos em outro."

Jane B., empresária: "Às vezes, quando vamos ao cinema ou a uma partida de futebol, por exemplo, o tema Organização me deixa maluca. Minha família e meus amigos deixam toda a responsabilidade para mim: 'Jane vai providenciar os ingressos', 'Jane vai organizar o transporte'. Por que sou sempre eu que tenho de fazer essas coisas? Eles simplesmente dizem: 'Porque você é boa nisso. A gente levaria meia hora para fazer. Você resolve bem mais rápido. Compra os ingressos por telefone, escolhe os assentos certos e pronto, tudo certo, fácil assim.'"

Ideias para ação

- Descubra as metas de seus colegas e amigos. Deixe que saibam que você está a par delas e ajude-os a se preparar para o sucesso.

- Se uma equipe precisa ser criada, não deixe de se envolver. Você identifica talentos, habilidades e conhecimento nas pessoas, e essa consciência o ajuda a encontrar as pessoas certas para os cargos certos.

- Você percebe de forma intuitiva como pessoas muito diferentes podem trabalhar juntas. Examine bem grupos com personalidades e opiniões divergentes, pois eles podem precisar de seu talento de Organização.

- Tenha o cuidado de acompanhar os prazos de seus múltiplos projetos, tarefas e obrigações. Embora você aprecie a oportunidade de se desdobrar entre múltiplas atividades, outras pessoas com menos talento de Organização podem ficar ansiosas se não o virem trabalhando nos projetos

delas com frequência. Mantenha-as informadas de seu progresso para aliviar qualquer receio que possam ter.
- Procure ambientes complexos e dinâmicos em que haja pouca rotina.
- Assuma a organização de um grande evento – uma convenção, uma grande festa ou uma comemoração da empresa.
- Dê às pessoas tempo para compreender sua forma de fazer as coisas quando for apresentá-las. Seu malabarismo mental é intuitivo, mas os outros podem ter dificuldade para romper com os procedimentos existentes. Reserve algum tempo para explicar com clareza por que o seu jeito pode ser mais eficiente.
- No trabalho, concentre seus talentos de Organização nas áreas mais dinâmicas da empresa. Divisões e departamentos estáticos, com rotinas rígidas, provavelmente vão entediá-lo. Você vai se desenvolver melhor quando seus talentos de Organização forem estimulados e vai sofrer quando se sentir entediado.
- Ajude os outros a perceber seus amplos conhecimentos compartilhando sua forma de pensar em cenários alternativos. Quando souberem que você identificou e levou cuidadosamente em consideração todas as opções possíveis, vão se sentir mais confiantes.
- Você é flexível tanto na forma de organizar pessoas quanto na forma de configurar o espaço. Descubra como é possível aprimorar o fluxo de trabalho reorganizando espaços e/ou procedimentos para obter a máxima eficiência e liberar tempo para você e para os outros.

Como trabalhar com quem se destaca no tema Organização

- Pessoas que se destacam no tema Organização se empolgam com tarefas complexas, multifacetadas. Elas se desenvolvem melhor em situações em que ficam encarregadas de muitas coisas ao mesmo tempo.
- Ao lançar um projeto, peça ajuda a pessoas com talento em Organização para posicionar os membros da equipe. Elas são boas em descobrir como o ponto forte de cada um pode dar a melhor contribuição para o grupo.
- Pessoas boas em Organização podem ser engenhosas. Tenha confiança de que elas vão adorar encontrar novas formas de fazer as coisas quando algo não funcionar direito.

Pensamento Estratégico

O tema Pensamento Estratégico o capacita a abrir caminho em meio à desordem e encontrar a melhor rota. Não se trata de uma habilidade que possa ser ensinada. É um modo diferente de pensar, uma perspectiva especial sobre o mundo em geral. Essa perspectiva lhe permite ver padrões onde outros enxergam apenas complexidade. Com esses padrões em mente, você concebe cenários alternativos, sempre com a pergunta: "E se isso acontecesse? Tudo bem, mas e se aquilo acontecesse?" Esse questionamento recorrente o ajuda a ver o que há depois da próxima curva do caminho e, assim, você pode avaliar com precisão os obstáculos em potencial. Com base no que enxerga ao fim de cada caminho, você começa a selecionar. Descarta as trilhas que não levam a parte alguma, as que conduzem a impasses. Descarta as rotas enevoadas pela confusão. Você analisa e escolhe até chegar à trilha adequada: sua estratégia. Armado com ela, você se lança à frente. É assim que o tema Pensamento Estratégico funciona.

O Pensamento Estratégico é assim:

Liam C., gerente de fábrica: "É como se eu sempre pudesse ver as consequências antes dos outros. Tenho que dizer às pessoas: 'Ergam os olhos, olhem mais adiante na estrada. Vamos falar sobre onde estaremos daqui a um ano para que, ao chegarmos lá, não tenhamos os mesmos problemas.' Parece óbvio para mim, mas algumas pessoas se concentram demais nos números do mês corrente e se deixam pautar apenas por isso."

Vivian T., jornalista de televisão: "Quando eu era criança, adorava problemas de lógica. Você sabe, aqueles do tipo: 'Se A é igual a B, e B é igual a C, então A é igual a C.' Ainda hoje estou sempre imaginando as repercussões, vendo aonde as coisas levam. Acho que isso me transforma numa grande entrevistadora. Sei que nada é por acaso; cada sinal, cada palavra, cada tom de voz tem um significado. Assim, estou sempre em busca desses indícios, examino-os na minha cabeça, vejo aonde levam e depois planejo minhas perguntas para tirar proveito do que imaginei."

Simon T., executivo de recursos humanos: "Precisávamos realmente enfrentar o sindicato em algum momento e encontrei uma oportunidade – uma questão muito boa para isso. Eu percebia que eles iam numa direção que os levaria a dar de cara com todo tipo de encrenca se seguissem em frente. E vejam só: eles foram em frente e lá estava eu preparado, à espera. Suponho que seja da minha natureza prever o que o outro vai fazer. E então, quando ele reage, posso responder de imediato, porque já parei e pensei: 'Tudo bem, se ele fizer isso, faremos aquilo. Se ele fizer aquilo, faremos outra coisa.' É como pilotar um veleiro. Você deseja seguir em uma direção, arrisca uma rota e então outra, planejando e reagindo, planejando e reagindo."

Ideias para ação

- Reserve algum tempo para refletir profundamente sobre uma meta que você deseja atingir até que os padrões e questões inerentes a ela se tornem visíveis. Lembre-se de que esse tempo de reflexão é essencial ao Pensamento Estratégico.
- Você consegue enxergar as repercussões com mais clareza do que os outros. Aproveite essa capacidade planejando detalhadamente sua gama de reações. Não há vantagem em saber aonde os acontecimentos vão levar se você não estiver pronto quando o momento chegar.
- Encontre um grupo que você acha que faz um trabalho importante e contribua com seu Pensamento Estratégico. Você pode se tornar um líder graças às suas ideias.
- Seu Pensamento Estratégico será necessário para impedir que uma visão nítida se deteriore e se transforme em apenas uma miragem. Considere seriamente todos os caminhos possíveis para tornar realidade aquela visão. A antecipação sábia pode remover os obstáculos antes mesmo que eles apareçam.
- Torne-se conhecido como uma fonte de orientação para aqueles que estão empacados diante de um problema ou impedidos de seguir em frente por causa de algum obstáculo ou barreira. Como é naturalmente capaz de enxergar uma saída quando os outros estão convencidos de que não existe solução, você será capaz de conduzi-los ao sucesso.

- É provável que você antecipe problemas com mais facilidade do que os outros. Embora sua consciência de um possível perigo possa ser considerada negatividade por alguns, você deve compartilhar suas percepções se pretende evitar essas armadilhas. Para impedir que suas intenções sejam mal interpretadas, indique não apenas os obstáculos futuros, mas também uma forma de evitá-los ou de superá-los. Confie em suas percepções e utilize-as para garantir o sucesso de seus esforços.

- Ajude os outros a compreender que seu pensamento estratégico não é uma tentativa de desdenhar das ideias deles, mas sim uma propensão natural a considerar com objetividade todas as facetas de um plano. Em vez de ser um pessimista, você está na verdade tentando descobrir como garantir que a meta seja atingida, mesmo que surjam obstáculos. Seus talentos permitirão que você leve em consideração a perspectiva dos colegas sem perder de vista o objetivo final.

- Sempre que possível, confie na sua intuição. Embora não seja capaz de explicá-la racionalmente, ela é fruto de um cérebro que antecipa e projeta instintivamente. Tenha confiança nessas percepções.

- Associe-se a alguém com fortes talentos de Ativação. Você poderá estabelecer uma parceria poderosa aliando a necessidade de ação dessa pessoa à sua necessidade de antecipação.

- Assegure-se de estar envolvido desde o início em novos empreendimentos e iniciativas. Sua abordagem inovadora e ao mesmo tempo processual é crucial à gênese de novos negócios, pois impede que seus criadores desenvolvam a mortal visão de túnel.

Como trabalhar com quem se destaca no tema Pensamento Estratégico

- Envolva pessoas com bom Pensamento Estratégico em sessões de planejamento. Pergunte a elas: "E se isso ou aquilo acontecer, o que deveremos esperar?"
- Antes de pedir a contribuição de pessoas que se destacam em Pensamento Estratégico, sempre dê a elas tempo suficiente para que possam pensar sobre a situação. É improvável que queiram se pronunciar antes de terem examinado mentalmente alguns possíveis cenários.
- Ao ouvir ou ler sobre as estratégias que funcionaram em sua área, compartilhe-as com aqueles que têm talentos de Pensamento Estratégico. Isso estimulará o raciocínio deles.

Positivo

Você é generoso com os elogios, tem sorriso fácil e está sempre à procura do lado bom da situação. Alguns o chamam de despreocupado. Outros gostariam de ter o copo sempre meio cheio, como o seu. De um modo ou de outro, as pessoas querem estar perto de você. O mundo parece melhor ao seu lado, porque seu entusiasmo é contagiante. Privados de energia e otimismo, alguns consideram a própria vida enfadonha e monótona – ou, pior, são sufocados pelas pressões. Você parece descobrir um modo de iluminar o espírito dessas pessoas. Injeta emoção em cada projeto. Celebra cada realização. Encontra meios de tornar tudo mais emocionante e mais vital. Alguns cínicos podem rejeitar sua energia, mas você dificilmente se deixa abater. Seu talento Positivo não permite. Por alguma razão, você não consegue escapar de suas convicções: que é bom estar vivo, que o trabalho pode ser divertido e que, apesar dos contratempos, nunca se deve perder o senso de humor.

O Positivo é assim:

Gerry L., comissário de bordo: "Há tantos passageiros num avião que, ao longo dos anos, tenho feito questão de escolher um ou dois em cada voo e fazer alguma coisa especial para eles. Claro que sou gentil com todo mundo e presto a todos o tipo de atendimento profissional que eu mesmo gostaria de receber, mas, além disso, sempre tento fazer uma pessoa, uma família ou um pequeno grupo se sentirem realmente especiais, com piadas, conversas e pequenas brincadeiras."

Andy B., executivo de marketing digital: "Sou uma daquelas pessoas que adoram criar alvoroço. Não paro de ler revistas e se encontro alguma coisa divertida (uma nova loja, um novo restaurante, seja o que for), saio por aí falando daquilo para todo mundo: 'Ah, você tem que dar um pulo nessa loja. É tão legal. Veja essas fotos. Dê uma olhada.' Sou tão apaixonado quando falo sobre alguma coisa que as pessoas acabam fazendo o que eu digo. Não que eu seja um grande vendedor. Não sou. Na verdade, não gosto de fazer pressão para fechar um negócio, detesto incomodar os outros. Mas a paixão com que falo das coisas faz as pessoas pensarem: 'Nossa, deve ser verdade.'"

Sunny G., gerente de comunicação: "Acho que já existe muita gente negativa no mundo. Precisamos de mais positividade – de gente que goste de sintonizar-se com o que anda bem no mundo. As pessoas negativas me deixam deprimida. No meu último emprego, havia um sujeito que ia à minha sala todas as manhãs só para desabafar comigo. Eu o evitava deliberadamente. Quando o via chegando, corria para o banheiro ou para outro lugar. Ele me fazia sentir que o mundo era um lugar infeliz, e eu detestava isso."

Ideias para ação

- Você provavelmente terá sucesso em qualquer função em que seja pago para destacar os aspectos positivos. Na sala de aula, em vendas, no empreendedorismo e na liderança, você poderá usar ao máximo sua capacidade de tornar tudo muito emocionante.
- Você tende a ser mais entusiasmado e cheio de energia do que a maioria das pessoas. Quando os outros se desencorajam ou relutam em assumir riscos, sua atitude oferece o ímpeto para que continuem em movimento. Com o passar do tempo, os colegas vão começar a procurá-lo para receber aquela "força".
- Planeje atividades para destacar feitos de seus amigos e colegas. Por exemplo, encontre meios de transformar pequenas conquistas em acontecimentos, planeje comemorações regulares que as pessoas aguardarão com ansiedade ou tire proveito dos feriados e das festas durante o ano.
- Explique que seu entusiasmo não é mera ingenuidade. Você sabe que coisas ruins podem acontecer, mas prefere se concentrar no que há de bom.
- Encorajar os colegas lhe proporciona algumas de suas maiores alegrias. Demonstre livremente sua apreciação e garanta que o elogio não seja vago. Procure com consistência uma forma de traduzir seus sentimentos em

expressões específicas, concretas e pessoais de gratidão e reconhecimento.
- Ao compartilhar os talentos do tema Positivo, cuide de protegê-los e nutri-los. Quando for necessário, isole-se dos chorões e dos queixosos crônicos e, intencionalmente, frequente ambientes positivos, que vão revigorá-lo e alimentar seu otimismo.
- Não finja que as dificuldades não o preocupam. As pessoas precisam saber que, embora consiga encontrar o lado bom de quase todas as situações, você não é ingênuo. Reconheça os desafios e comunique as razões para o seu otimismo. Sua abordagem positiva vai ser mais poderosa quando os outros perceberem que ela está fundamentada na realidade.
- Municie-se de boas histórias, piadas e ditados, pois as pessoas vão recorrer a você para superar suas frustrações diárias. Jamais subestime o efeito que você pode exercer nos outros.
- Evite gente negativa. Essas pessoas podem deixá-lo abatido. Em vez disso, procure aqueles que, como você, encontram no mundo o mesmo tipo de emoção e humor. Vocês vão renovar as energias um do outro.
- Busque de forma deliberada ajudar os outros a ver que as coisas estão indo bem para eles. Você pode manter o olhar deles voltado para o que é positivo.

Como trabalhar com quem se destaca no tema Positivo

- Pessoas que se destacam no tema Positivo levam emoção e energia ao ambiente de trabalho. Elas tornarão sua organização mais positiva e dinâmica.
- Destacar-se no tema Positivo não quer dizer estar eternamente de bom humor. Mas significa que, por meio de seu estado de espírito e de sua atitude, essas pessoas podem deixar as outras mais entusiasmadas com o próprio trabalho. Lembre a elas que têm esse poder e encoraje-as a usá-lo.
- Quando estiver trabalhando com indivíduos bons no tema Positivo, fique ciente de que os cínicos vão rapidamente minar suas energias. Não espere que sejam capazes de dar ânimo para gente negativa. Eles terão seus melhores momentos quando puderem transmitir sua energia para pessoas essencialmente positivas, que precisam apenas de um empurrãozinho.

Prudência

Você é cuidadoso, vigilante, uma pessoa discreta. Sabe que o mundo é um lugar imprevisível. Tudo pode parecer em ordem, mas, sob a superfície, você pressente os inúmeros riscos. Em vez de ignorá-los, você os encara, um a um. Assim, cada um deles pode ser identificado, avaliado e finalmente reduzido. Dessa forma, você é uma pessoa consideravelmente séria que aborda a vida com algumas reservas. Por exemplo, você gosta de planejar para se antecipar ao que pode dar errado. Seleciona cuidadosamente seus amigos e fica em silêncio quando a conversa se desvia para assuntos pessoais. Tem o cuidado de não fazer elogios em excesso, temendo que possam ser mal interpretados. Se algumas pessoas não gostam de você por não ser expansivo como os outros, que seja. Para você, a vida não é um concurso de popularidade; está mais para um campo minado. Alguns, mais afoitos, podem preferir atravessá-lo correndo descuidadamente, mas sua abordagem é diferente. Você identifica os perigos, avalia seus impactos relativos e pisa no chão com consciência. Você caminha com cuidado.

A Prudência é assim:

Dick H., produtor de cinema: "Minha preocupação é reduzir o número de variáveis. Quanto menos variáveis, menor o risco. Quando estou negociando com diretores, sempre começo cedendo de imediato alguns pontos menos importantes. Então, depois de ter resolvido os problemas menores, me sinto melhor. Posso me concentrar. Posso controlar a conversa."

Debbie M., gerente de projetos: "Sou uma pessoa prática. Enquanto meus colegas despejam todas aquelas ideias fantásticas, fico fazendo perguntas do tipo 'Como isso vai funcionar?', 'Como vai ser aceito por esse ou aquele grupo de pessoas?'. Não vou dizer que faço o papel de advogada do diabo porque isso é negativo demais, mas de fato peso as implicações e avalio os riscos. E acho que tomamos decisões melhores por causa das minhas perguntas."

Jamie B., funcionário de manutenção: "Não sou uma pessoa muito organizada, mas a única coisa que faço sem vacilar é uma dupla checagem. Não faço isso porque seja hiper-responsável ou algo assim. Faço para me sentir seguro. Nos relacionamentos, no trabalho, em tudo, sempre preciso saber que o galho onde me apoio é firme."

Brian B., administrador escolar: "Estou montando um planejamento para garantir um ambiente seguro na escola. Participo de conferências e temos oito comitês em atividade. Há um conselho que abrange todo o distrito trabalhando nisso, mas ainda não estou satisfeito com o modelo básico. Minha chefe me pergunta quando vai poder examinar o plano e eu respondo que ainda não está pronto, que ainda não me sinto à vontade para mostrá-lo. Então ela abre um grande sorriso e diz: 'Poxa vida, Brian, não quero que seja perfeito. Quero apenas um plano.' Mas ela me deixa fazer as coisas do meu jeito porque sabe que o meu cuidado traz grandes resultados. Por causa de todo o trabalho preliminar, quando as decisões forem tomadas, elas vão valer – e não desmoronar."

Ideias para ação

- Você dispõe naturalmente de boa capacidade de julgamento, por isso pense em encontrar trabalhos em que possa oferecer aconselhamento e supervisão, especialmente na área legal, em que você poderá forjar sólidos acordos de negócios ou garantir o respeito às regulamentações.
- Seja qual for sua função, assuma a responsabilidade de ajudar os outros a refletir sobre as decisões. Você é capaz de identificar fatores que passam despercebidos e por isso costuma ser procurado como um valioso interlocutor.
- Explique seu cuidadoso processo de tomada de decisões – que, ao enfatizar o risco, você busca uma forma de assumir o controle e reduzi-lo. Você não quer que os outros confundam seus talentos de Prudência com hesitação ou medo de agir.
- Você inspira confiança porque é cauteloso e atento em relação a assuntos delicados. Empregue esses talentos abraçando oportunidades de lidar com conflitos e questões delicadas.
- Em vez de correr riscos temerários, você está apto a chegar

a uma decisão com cautela. Confie na sua intuição quando algo parecer bom demais para ser verdade.

- Em tempos de mudança, considere a vantagem de ser conservador na tomada de decisões. Esteja preparado para explicar essas vantagens aos outros.
- Não permita que ninguém o obrigue a revelar muito sobre si mesmo depressa demais. Avalie bem as pessoas antes de compartilhar informações confidenciais. É da sua natureza construir suas amizades lentamente. Portanto orgulhe-se de seu pequeno círculo de grandes amigos.
- Associe-se a alguém com fortes talentos de Comando, Autoafirmação ou Ativação. Juntos, vocês tomarão muitas decisões e elas serão sólidas.
- Modere a tendência dos outros a passar direto para a ação estabelecendo um período de "considerações" antes de cada tomada de decisão. Sua cautela pode impedir conclusões precipitadas e estimular maior sabedoria.
- Dê a si mesmo a permissão de não opinar até estar de posse de todos os fatos e de ter uma oportunidade de ponderar sobre sua posição. Você não é alguém que acolhe a mudança de imediato, mas é capaz de refletir sobre os possíveis resultados para que todos os ângulos sejam levados em consideração. Por ser uma pessoa prudente, sua função é agir como um "freio" para os mais impulsivos, que desejam agir depressa.

Como trabalhar com quem se destaca no tema Prudência

- Peça a pessoas com talentos de Prudência que integrem equipes ou grupos que tendam à impulsividade. No grupo, elas contribuirão para aprofundar os pensamentos e ponderar sobre possíveis resultados.
- As pessoas que se destacam no tema Prudência são propensas ao pensamento rigoroso. Antes de tomar uma decisão, peça a elas que o ajudem a identificar as cascas de banana que podem levar a tropeços nos seus planos.
- Respeite o fato de que pessoas que se destacam em Prudência podem ser muito reservadas. A menos que seja convidado, não se esforce para demonstrar grande familiaridade com elas depressa demais. Da mesma forma, não se ofenda se elas se mantiverem um tanto distantes.

Realização

O tema Realização ajuda a explicar seu ímpeto. Ele descreve uma constante necessidade de realizações. Você tem a sensação de que começa cada dia do zero. Ao final do dia, precisa ter realizado alguma coisa palpável para se sentir bem. E isso se aplica exatamente a todas as situações – dias úteis, fins de semana, férias. Por mais que sinta que merece um descanso, se o dia passa sem alguma forma de realização, por menor que seja, você vai se sentir insatisfeito. Há um fogo que o queima por dentro. Ele o impele a fazer mais, a realizar mais. Depois que uma meta é alcançada, por um momento o fogo mingua, mas logo torna a acender, levando-o para a próxima conquista. Sua necessidade implacável de realização pode não ser lógica. Pode não ter sequer um foco claro. Mas estará sempre com você. Com o talento de Realização, você tem que aprender a conviver com esse murmúrio de descontentamento. Isso até tem seus benefícios. Traz a energia de que você precisa para trabalhar longas horas sem se sentir extenuado. É o impulso com que você pode sempre contar para fazê-lo se lançar em novas tarefas, em novos desafios. É o suprimento de energia que o faz estabelecer o ritmo e definir os níveis de produtividade para seu grupo de trabalho. É o tema que o mantém em movimento.

A Realização é assim:

Melanie K., enfermeira de pronto-socorro: "Todo dia tenho de marcar pontos para me sentir bem-sucedida. Hoje estou aqui há menos de meia hora, mas provavelmente já marquei 30 pontos. Encomendei equipamentos para a emergência, mandei outros para o conserto, tive um encontro com a chefe da enfermagem, quebrei a cabeça discutindo com minha assistente como melhorar nossos registros de escala no computador. Assim, na minha lista de 90 tarefas, já fiz 30. Já estou me sentindo muito bem comigo mesma."

Ted S., vendedor: "No ano passado, fui o vendedor do ano, entre os mais de 300 em atividade na empresa em que trabalho. Aquela sensação boa deve ter durado um dia, mas logo, naquela mesma semana, era como se nada tivesse acontecido. Eu estava na estaca zero. Às vezes, preferia não ter o talento da Realização porque isso pode me desviar de uma vida equilibrada e me direcionar para a obsessão. Eu costumava pensar que poderia mudar, mas agora sei que é assim que sou. Este tema é realmente uma espada de dois gumes. Ele me ajuda a alcançar meus objetivos, mas, por outro lado, eu gostaria de poder ligar e desligar esse ímpeto de acordo com minha conveniência. Mas não consigo. Ainda assim, posso administrar e evitar a obsessão pelo trabalho ao me concentrar em realizações em todas as áreas da minha vida, não apenas na profissional."

Sara L., escritora: "Este tema é estranho. A princípio é bom, porque você vive sempre em busca de desafios. Mas, por outro lado, tem a impressão de jamais alcançar seu objetivo. Ele pode fazer você ficar a vida inteira correndo ladeira acima a

100 quilômetros por hora. Você nunca descansa porque há sempre mais a fazer. Mas, de maneira geral, acho que prefiro tê-lo a não tê-lo. Chamo essa sensação de 'divina inquietação', e, se ela faz com que eu me sinta como se devesse tudo o que tenho ao presente, então que seja. Posso viver com isso."

Ideias para ação

- Escolha empregos que permitam que você tenha liberdade para trabalhar tanto quanto quiser e em que seja encorajado a medir sua própria produtividade. Você se sentirá desafiado e cheio de vida nesses ambientes.
- Como realizador, você aprecia a sensação de estar ocupado, porém também precisa saber quando é hora de "terminar". Anexe cronogramas e métricas para os objetivos, de forma que o esforço conduza a progressos definidos e a resultados palpáveis.
- Lembre-se de incluir comemorações e reconhecimento em sua vida. Os realizadores tendem a passar para o desafio seguinte sem reconhecer os próprios sucessos. Neutralize esse impulso criando oportunidades frequentes para desfrutar de seus progressos e de suas conquistas.
- Seu ímpeto para agir talvez o faça achar as reuniões um pouco entediantes. Se é esse o seu caso, apele para seus talentos de Realização, descobrindo os objetivos de cada reunião antecipadamente e tomando notas sobre o progresso na direção desses objetivos. Você pode contribuir para que elas se tornem produtivas e eficientes.
- Dê prosseguimento à sua educação obtendo certificações

em sua área ou especialidade, além de participar de conferências e outros programas. Dessa forma, você vai encontrar ainda mais metas a alcançar e expandirá o horizonte de suas conquistas.

- Você não precisa das outras pessoas para se sentir motivado. Aproveite sua automotivação e estabeleça objetivos desafiadores. Trace uma meta cada vez mais exigente sempre que concluir um projeto.
- Associe-se a outros colegas de trabalho dedicados. Compartilhe seus objetivos para que eles possam ajudá-lo a produzir mais.
- Contabilize suas conquistas pessoais em seu sistema de pontuação. Isso o ajudará a direcionar seus talentos de Realização para a família e os amigos, não apenas para o trabalho.
- Você se sente empolgado com mais trabalho. A perspectiva do que está por vir é infinitamente mais motivadora do que pensar no que foi concluído. Dê partida a novas iniciativas e novos projetos. Suas reservas de energia aparentemente inesgotáveis criarão entusiasmo e dinamismo.
- Fique atento para que sua ansiedade em fazer mais não prejudique a qualidade do seu trabalho. Crie padrões de resultado mensuráveis para garantir que a produtividade aumentada venha acompanhada de maior qualidade.

Como trabalhar com quem se destaca no tema Realização

- Estabeleça um relacionamento com pessoas com talentos de Realização, trabalhando lado a lado com elas. Esse esforço conjunto costuma ser uma experiência capaz de criar vínculos. Elas se sentem incomodadas com os "preguiçosos".

- Reconheça que pessoas que se destacam no tema Realização gostam de se manter ocupadas. Participar de reuniões pode ser muito entediante para elas. Assim, convide-as apenas para aquelas em que sua presença seja realmente necessária e nas quais elas possam ser totalmente envolvidas. Se não for o caso, deixe que dediquem seu tempo a cumprir suas tarefas.
- Pessoas com talentos de Realização costumam necessitar de menos sono e acordar antes dos outros. Recorra a elas quando essas condições forem necessárias às tarefas. Além disso, faça perguntas do tipo "Até que horas você precisou trabalhar para fazer isso?" e "Que horas você chegou hoje de manhã?". Elas ficarão gratas com esse tipo de atenção.

Relacionamento

O tema Relacionamento descreve sua atitude nos contatos pessoais. Em termos simples, este tema o impele para as pessoas que você já conhece. Não que você necessariamente se furte a conhecer gente nova – na verdade, pode até ter outros temas que o façam gostar da emoção de transformar desconhecidos em amigos –, mas, sem dúvida, você extrai uma grande dose de prazer e energia da convivência com amigos próximos. Você se sente bem com a intimidade. Assim que o contato inicial é feito, você conscientemente encoraja um aprofundamento da relação. Quer compreender os sentimentos do outro, seus objetivos, temores e sonhos, e quer que ele compreenda os seus. Esse tipo de proximidade implica certo risco (podem querer tirar vantagem de você), mas você está disposto a corrê-lo. Para você, um relacionamento só tem valor se for sincero. E o único meio de tirar a prova é confiar no outro. Quanto mais você compartilha com alguém, maior o risco que ambos correm. Quanto mais vocês se arriscam juntos, mais provas recebem de que o afeto é sincero. Esses são seus passos no sentido da amizade verdadeira, e você os dá de bom grado.

O Relacionamento é assim:

Jamie T., empresário: "Sou realmente seletivo em meus relacionamentos. De início, quando acabo de conhecer uma pessoa, não quero dar a ela muito do meu tempo. Não a conheço, ela não me conhece, por isso vamos ser apenas simpáticos e deixar a coisa por aí. Mas se as circunstâncias fazem com que passemos a nos conhecer melhor, é como se eu alcançasse um novo patamar em que, de repente, começo a querer investir mais na relação. Vou compartilhar mais, me abrir, fazer coisas que nos tornarão um pouco mais próximos e mostrarão que me importo com ela. É engraçado, porque não estou procurando mais amigos. Já tenho um número suficiente. No entanto, a cada nova pessoa que encontro, assim que aquele patamar é alcançado, me sinto compelido a avançar mais e mais. Agora tenho dez pessoas trabalhando comigo e considero cada uma delas um amigo."

Gavin T., comissário de bordo: "Tenho muitos e maravilhosos conhecidos, mas amigos verdadeiros, que me são caros, não são tantos assim. E estou bem desse jeito. Passo meus melhores momentos com aqueles que me são mais próximos, como minha família. Somos uma família católica irlandesa muito unida e nos reunimos em todas as oportunidades. É uma família grande – tenho cinco irmãos e dez sobrinhos –, mas nos reunimos pelo menos uma vez por mês. Sou o catalisador. Quando volto a Chicago, mesmo que não haja aniversário ou alguma data a ser comemorada, me transformo na desculpa para esses encontros, que às vezes duram três ou quatro dias. A gente gosta mesmo de ficar junto."

Tony D., piloto: "Eu já servi como fuzileiro naval, e é melhor se sentir à vontade com a palavra 'amigo' quando se está com os fuzileiros. É melhor se sentir bem em confiar nos outros. Não posso dizer quantas vezes precisei deixar minha vida nas mãos de outra pessoa. Eu voava na asa do meu amigo e estaria morto se ele não pudesse me trazer de volta em segurança."

Ideias para ação

- Encontre um ambiente de trabalho onde as amizades são encorajadas. Você não se sairá bem em organizações excessivamente formais. Em entrevistas de emprego, faça perguntas sobre o estilo de trabalho e a cultura da empresa.

- Procure deliberadamente aprender o máximo possível sobre aqueles a quem é apresentado. Você gosta de saber mais sobre as pessoas e elas gostam de ser conhecidas. Com isso, você se tornará um catalisador de relacionamentos de confiança.

- Deixe claro que você está mais interessado no caráter ou na personalidade da outra pessoa do que em sua posição social ou em seu cargo. Esse é um de seus maiores talentos e pode servir de exemplo para os outros.

- Mostre logo que você se importa com as pessoas. Por exemplo, encontre gente na empresa que possa se beneficiar de sua mentoria, ajude os colegas a se conhecer melhor ou leve os relacionamentos para fora do ambiente de trabalho.

- Não importa quão ocupado você esteja, mantenha contato com seus amigos. Eles são seu combustível.

- Seja honesto com os amigos. Querer bem de verdade significa ajudar as pessoas a ter sucesso e se sentir realizadas. Dar um feedback honesto ou encorajar seus amigos a deixar uma função em que não estão prosperando é um ato de compaixão.

- Você provavelmente prefere ser visto como um indivíduo, um igual ou um amigo a ser encarado como um cargo, um superior ou um título. Deixe que todos saibam que podem se dirigir a você pelo primeiro nome e deixar a formalidade de lado.
- Talvez você tenda a ocultar os aspectos mais encantadores da sua personalidade até sentir abertura por parte do outro. Lembre-se: construir relacionamentos não é uma via de mão única. Tome a iniciativa de se expor. As pessoas rapidamente perceberão que você é um sujeito genuíno e assim serão criadas muito mais oportunidades para cultivar ligações fortes e duradouras.
- Reserve algum tempo para a família e os amigos mais próximos. Você precisa passar momentos de qualidade com aqueles a quem ama a fim de "alimentar" seus talentos de Relacionamento. Programe atividades que permitam que você se aproxime ainda mais daqueles que o mantêm feliz e equilibrado.
- Faça um esforço para socializar com os colegas e integrantes de sua equipe fora do trabalho. Pode ser algo tão simples quanto um almoço ou um café coletivo. Isso vai ajudá-los a estabelecer relações mais próximas, o que, por sua vez, proporcionará cooperação e um trabalho em equipe mais eficiente.

Como trabalhar com quem se destaca no tema Relacionamento

- Quem tem o talento de Relacionamento aprecia desenvolver elos genuínos com os colegas. Esses vínculos levam tempo para ser construídos, por isso você deve investir neles com regularidade.
- Diga diretamente àqueles que se destacam em Relacionamento que você se importa com eles. É muito provável que a linguagem não pareça inapropriada e que eles recebam bem a informação. Eles organizam a vida em torno de seus relacionamentos próximos, por isso vão querer saber o que significam para você.
- Confie informações confidenciais a pessoas com o talento de Relacionamento. Elas são leais, valorizam a confiança e jamais o trairão.

Responsabilidade

Este tema o força a assumir a Responsabilidade de tudo em que se envolve: seja um projeto grande ou pequeno, você se sente emocionalmente obrigado a acompanhá-lo até o fim. Seu bom nome depende disso. Se, por alguma razão, não pode cumprir o prometido, você começa automaticamente a procurar meios de se explicar aos outros. Desculpas não são suficientes. Justificativas e racionalizações são totalmente inaceitáveis. No fundo, você não consegue ficar bem consigo mesmo até ter a oportunidade de se redimir. Essa atitude consciensiosa, a quase obsessão por fazer a coisa certa e sua ética impecável se combinam para criar sua reputação de alguém absolutamente confiável. Na hora de atribuir responsabilidades, as pessoas contarão primeiro com você porque sabem que assim a missão será cumprida. Quando o procurarem em busca de ajuda – e logo o farão –, você deve ser seletivo. Sua disposição em ser prestativo pode, às vezes, levá-lo a assumir mais responsabilidades do que deveria.

A Responsabilidade é assim:

Kelly G., gerente de operações: "O gerente na Suécia me ligou em novembro e disse: 'Kelly, você poderia enviar meus produtos só depois de 1º de janeiro?' Eu respondi: 'Claro, me parece uma boa ideia.' Expliquei o plano para minha equipe e pensei que estivesse com tudo sob controle. No entanto, no dia 31 de dezembro, numa estação de esqui, enquanto olhava meus e-mails só para garantir que estava tudo bem, vi que o pedido dele já havia sido despachado e faturado. Tive que ligar na mesma hora e lhe dizer o que havia acontecido. Ele é um bom sujeito, mas ficou bem zangado e muito decepcionado. Eu me senti péssima. Não bastava pedir desculpas. Eu precisava resolver o problema. Liguei para o *controller* e, naquela tarde, encontramos um jeito de lançar o valor do pedido de volta em nossos livros e tirar da contabilidade dele. Isso consumiu a maior parte do fim de semana, mas foi a coisa certa a fazer."

Nigel T., executivo de vendas: "Antigamente parecia que havia um pedaço de metal na minha mão e um ímã no teto. Eu simplesmente me oferecia para tudo. Tive que aprender a administrar isso, porque não só acabava com muita coisa para fazer como também achava, no fim das contas, que tudo que acontecia era culpa minha. Percebo hoje que não posso ser responsável por tudo no mundo – esse é o trabalho de Deus."

Harry B., consultor de recolocação profissional: "Eu era apenas um jovem gerente de banco numa das filiais quando o presidente do grupo decidiu que estava na hora de executar a hipoteca de uma propriedade. Eu disse: 'Tudo bem, mas cabe a nós a responsabilidade de dar às pessoas uma avaliação justa.' Ele não via as coisas dessa forma. Queria vender a propriedade para um amigo pelo valor da dívida e disse que meu problema era que eu não conseguia separar minha ética nos negócios de minha ética pessoal. Respondi que era isso mesmo. Não podia porque não acreditava – e ainda não acredito – que se possa ter dois pesos e duas medidas. Então deixei o banco e voltei a ganhar pouco trabalhando na coleta de lixo para o departamento florestal. Como era uma época difícil para mim e minha mulher – não estávamos conseguindo pagar as contas e sustentar nossos dois filhos –, foi uma decisão difícil. Mas, olhando para trás, de certa forma foi muito fácil. Eu simplesmente não podia trabalhar numa organização com aquele tipo de ética."

Ideias para ação

- Ao procurar emprego, enfatize seu senso de responsabilidade. Durante as entrevistas, descreva seu desejo de assumir o sucesso ou o fracasso dos projetos, sua aversão ao trabalho inacabado e sua necessidade de "fazer a coisa certa" quando um compromisso não é cumprido.
- Continue a se oferecer para assumir mais responsabilidades que estão aparentemente acima de sua experiência. Você se desenvolve assim e pode lidar com a situação de uma forma muito eficiente.
- Alinhe-se com outras pessoas que compartilhem de seu senso de responsabilidade. Você vai progredir ao trabalhar com gente que tem a mesma determinação para realizar as tarefas.
- Diga a seu gestor que você trabalha melhor quando tem

liberdade para cumprir seus compromissos e não precisa de acompanhamento durante um projeto, apenas no fim; e que ele pode confiar, pois você realiza o que promete.

- Esforce-se para dizer "não". Por sua natureza responsável, talvez você sinta dificuldade para recusar oportunidades. Por esse motivo, precisa ser seletivo. Peça mais responsabilidades apenas nas áreas que importam mais para você.

- Você naturalmente assume a responsabilidade por todos os projetos em que está envolvido. Mas assegure-se de que isso não o impeça de compartilhá-la. Permita que outros tenham a oportunidade de experimentar os desafios da responsabilidade. Assim você contribui para o crescimento e o desenvolvimento de todos.

- Aprenda a administrar seus talentos de Responsabilidade refletindo se você é realmente a pessoa que deveria cuidar de determinada questão. Leve em consideração suas atuais responsabilidades e metas antes de assumir fardos adicionais, pois você pode acabar prejudicando a qualidade se estiver sobrecarregado com tarefas demais ou demandas simultâneas.

- Associe-se a alguém que se destaque especialmente nos temas Disciplina ou Foco. Essa pessoa vai ajudá-lo a manter o rumo e evitar que se sobrecarregue.

- Trabalhar com colegas com a mesma disposição responsável é uma experiência gratificante para você. Não deixe de esclarecer quais são as expectativas e os limites para que cada um possa ter a experiência da responsabilidade em suas tarefas específicas – sem atropelar os outros.

- Indivíduos responsáveis gostam de saber se "entregaram", ou melhor, se cumpriram devidamente seus compromissos, por isso crie métricas e metas para aferir sua eficiência diante das obrigações. Garanta também que suas expectativas sejam explícitas e concretas, para não haver qualquer problema em relação à qualidade do resultado e para que você possa alcançar aquilo que prometeu.

Como trabalhar com quem se destaca no tema Responsabilidade

- As pessoas que se destacam no tema Responsabilidade se definem pela capacidade de cumprir compromissos. Será profundamente frustrante para elas trabalhar ao lado de quem não tenha a mesma preocupação.
- As pessoas com talento de Responsabilidade não gostam de sacrificar a qualidade em nome da velocidade, portanto seja cuidadoso e não as apresse. Ao discutir seu trabalho, fale primeiro sobre a qualidade.
- Ajude pessoas com talentos de Responsabilidade a evitar assumir um excesso de tarefas, especialmente quando lhes faltarem talentos de Disciplina. Ajude-as a ver que mais um fardo pode fazer com que deixem a peteca cair – uma ideia que elas vão odiar.

Restauração

Você adora resolver problemas. Enquanto alguns se desesperam ao enfrentar mais uma pane, você se sente motivado pela situação. Gosta do desafio de analisar os sintomas, identificar o que está errado e encontrar a solução. Pode ser que prefira problemas práticos, conceituais ou pessoais. Talvez procure tipos específicos de problemas que já encontrou muitas vezes e acredita poder resolver. Ou talvez se sinta mais estimulado quando se defronta com problemas complexos e pouco familiares. Suas preferências exatas são determinadas por seus outros temas e experiências. Mas o certo é que você gosta de trazer as coisas de volta à vida. É uma sensação maravilhosa identificar os pontos falhos, resolvê--los e devolver algo à sua verdadeira glória. Intuitivamente, você sabe que, sem a sua intervenção, a máquina, a técnica, a pessoa ou a empresa poderiam ter parado de funcionar. Você a consertou, ressuscitou, renovou sua vitalidade. Ou, como você mesmo poderia dizer, você a salvou.

A Restauração é assim:

Nigel L., designer de software: "Tenho nítidas lembranças de minha bancada de marceneiro quando era garoto, com martelos, pregos e tábuas. Gostava muito de consertar, de montar e deixar tudo funcionando. E agora, com programas de computador, é a mesma coisa. Você faz o programa e, se ele não funcionar, é preciso voltar atrás, refazer, corrigir até que funcione."

Jan K., clínico geral: "Este tema reverbera em minha vida de muitas maneiras. Por exemplo, meu primeiro amor foi a cirurgia. Adoro trauma, adoro estar no centro cirúrgico, adoro a sutura. Simplesmente adoro consertar as coisas na sala de operações. Por outro lado, alguns de meus melhores momentos foram na cabeceira de um paciente moribundo, em simples conversas. É incrivelmente gratificante ver alguém fazer a transição da raiva para a aceitação da adversidade, atar as pontas soltas com parentes e falecer com dignidade. E com meus filhos esse tema surge todo dia. Quando vejo minha filha de 3 anos abotoando a blusa pela primeira vez e ela abotoa errado, sinto um forte impulso de me aproximar e tornar a abotoar o agasalho. Tenho de resistir, é claro, porque ela precisa aprender, mas, caramba, é bem difícil."

Marie T., produtora de televisão: "A produção de um programa de TV matinal é fundamentalmente um processo confuso. Se eu não gostasse de resolver problemas, esse trabalho me faria subir pelas paredes. Todos os dias algo dá muito errado e eu preciso descobrir qual é o problema, resolvê-lo e passar para o próximo. Se consigo uma boa solução, eu me sinto renovada. Por outro lado, se vou para casa e o problema continua sem solução, tenho a sensação oposta: me sinto derrotada."

Ideias para ação

- Procure funções em que você seja pago para resolver problemas ou em que seu sucesso dependa da capacidade de restaurar e solucionar questões. Você pode apreciar particularmente trabalhar com medicina, consultoria, programação ou atendimento a clientes.

- Não tenha medo de fazer com que os outros saibam que você adora resolver problemas. É natural para você, mas muita gente foge deles. Você pode ajudar.

- Seja menos duro consigo mesmo. Seus talentos de Restauração podem levá-lo a ser excessivamente crítico. Tente redirecionar isso para aspectos seus que podem ser resolvidos, como deficiências em conhecimentos ou habilidades, ou para problemas externos e concretos.

- Deixe que outras pessoas resolvam os próprios problemas. Você pode se sentir tentado a intervir e resolver tudo para elas, mas, ao agir assim, talvez esteja prejudicando o aprendizado delas. Fique atento especialmente se você desempenha o papel de gestor, coach, professor, pai ou mãe.

- As situações que exigem mudanças radicais ativam seu ponto forte. Empregue os talentos de Restauração para conceber um plano de ataque para revitalizar um projeto, uma organização, um negócio ou uma equipe que enfrentam dificuldades.

- Coloque seus talentos de Restauração em prática não apenas na hora de enfrentar problemas existentes, mas também para antecipar e prevenir tropeços antes que eles ocorram. Compartilhe suas previsões e as soluções com os outros, provando que é um parceiro valioso.

- Estude profundamente o assunto escolhido para ser capaz de identificar as causas de problemas recorrentes. Esse tipo de conhecimento o levará a encontrar soluções com muito mais rapidez.
- Pense em como é possível aprimorar suas habilidades e seus conhecimentos. Identifique as lacunas e as medidas que poderá tomar para superá-las.
- O aprimoramento constante é sua marca registrada. Procure oportunidades para lapidar suas habilidades trabalhando numa área, numa atividade ou numa iniciativa desafiadora que exija um excepcional domínio técnico e/ou profundo conhecimento.
- Empregue seus talentos de Restauração para antecipar qualquer problema no trabalho. Identifique as questões existentes e potenciais e desenvolva sistemas ou processos para evitar erros no futuro.

Como trabalhar com quem se destaca no tema Restauração

- Ouça as observações de pessoas com talentos de Restauração quando quiser identificar um problema na organização. Suas percepções serão particularmente precisas.
- Quando uma situação na sua organização necessitar ser aprimorada imediatamente, recorra a pessoas que se destacam no tema Restauração para ajudá-lo. Elas não entrarão em pânico. Ao contrário, reagirão de forma aplicada e profissional.

- Ofereça apoio quando pessoas com talentos de Restauração se defrontarem com um problema especialmente espinhoso. Como costumam se definir pela capacidade de lidar com as questões, talvez encarem o fato de não encontrarem uma solução como uma derrota pessoal. Ajude-as a superar a frustração.

Significância

Você quer ser muito relevante aos olhos das pessoas. No mais verdadeiro sentido da palavra, quer reconhecimento. Quer ser ouvido. Quer ser notado. Quer ser conhecido. Especificamente, quer ser conhecido e apreciado pelos pontos fortes singulares que tem. Sente necessidade de ser admirado como profissional e pessoa bem-sucedida, alguém que tem credibilidade. Do mesmo modo, quer se associar a outros que também sejam assim. E, se eles não forem, você os estimula a se superarem até que sejam. Ou segue em frente. Espírito independente, você quer que seu trabalho seja mais um meio de vida do que um emprego, quer ter rédea solta, quer se sentir livre para fazer as coisas do seu jeito. Seus anseios lhe parecem intensos e você realmente os leva em consideração. E assim sua vida está cheia de metas, conquistas ou qualificações que você quer alcançar. Seja qual for o seu foco – e o de cada pessoa é distinto –, o tema da Significância vai continuar puxando você para cima, para longe da mediocridade e rumo ao que é excepcional. É o tema que o leva a continuar se empenhando.

A Significância é assim:

Mary P., executiva da área de saúde: "Desde o início, as mulheres ouvem que não devem ser orgulhosas demais, que não devem ser altivas... esse tipo de coisa. Mas aprendi que não há problema em ter poder, não há problema em ter orgulho, não há problema em ter um grande ego – e também que preciso administrar e canalizar tudo isso nas direções certas."

Kathie J., sócia de um escritório de advocacia: "Desde que me entendo por gente tenho a sensação de ser especial, de ser capaz de tomar a frente das coisas e fazê-las acontecer. Nos anos 1960, fui a primeira mulher a se tornar sócia em minha firma, e me lembro de entrar em salas e mais salas da diretoria em que eu era a única presença feminina. É estranho pensar nisso agora. Foi duro, mas acho que no fundo eu gostava da pressão de me destacar. Gostava de ser a sócia 'mulher'. Por quê? Porque eu sabia que muito dificilmente alguém se esqueceria de mim. Sabia que todos iam reparar e prestar atenção em mim."

John L., médico: "Durante toda a minha vida senti que estava no palco. Tive sempre a consciência de uma plateia. Se estou sentado com um paciente, quero que ele me veja como o melhor médico que já teve. Se estou dando aula a estudantes de medicina, quero me destacar como o melhor professor que já tiveram. Quero ganhar o prêmio de Educador do Ano. Minha chefe é uma plateia importantíssima para mim. Desapontá-la me mataria. É assustador pensar que parte de minha autoestima está nas mãos de outras pessoas, mas, por outro lado, isso me mantém alerta e afiado."

Ideias para ação

- Escolha empregos ou cargos em que você possa determinar suas próprias tarefas e ações. Você apreciará a exposição que acompanha a independência.
- Sua reputação é importante para você, portanto decida como deve ser e cuide dos menores detalhes. Por exemplo, faça por onde ganhar um título que aumentará sua credibilidade, escreva um artigo que contribuirá para sua visibilidade ou se ofereça para falar diante de um grupo de pessoas que irá admirar seus feitos.
- Compartilhe seus sonhos e metas com a família ou os amigos e os colegas mais próximos. As expectativas deles farão com que você se empenhe.
- Mantenha o foco no desempenho. Seus talentos de Significância vão levá-lo a buscar metas excepcionais. Seu desempenho precisa estar à altura dessas metas senão os outros poderão dizer que você fala muito e faz pouco.
- Você atuará melhor quando seu desempenho for visível. Procure oportunidades que o coloquem no centro do palco. Evite papéis que o escondam nos bastidores.
- Liderar equipes ou projetos importantes para a empresa permite que você dê o melhor de si. Sua maior motivação costuma aparecer quando os riscos são maiores. Deixe que os outros saibam que, quando o jogo é esse, você quer a bola!
- Faça uma lista de metas, realizações e qualificações que você anseia e fixe-as em um lugar onde você possa vê-las todos os dias. Use-a como fonte de inspiração.
- Identifique o seu melhor momento de reconhecimento ou

elogios. Qual foi o motivo? Quem o elogiou? Quem era a plateia? O que você precisa fazer para recriar esse momento?

- A menos que possua domínio de talentos de Autoafirmação, aceite que você talvez tema o fracasso. Não deixe que esse medo o impeça de reivindicar a excelência. Em vez disso, utilize-o para se concentrar em garantir que sua atuação esteja à altura do compromisso assumido.
- É possível que você tenha uma consciência natural do que as pessoas pensam a seu respeito. Talvez você tenha um público específico a quem deseja agradar, cujos aplausos e aprovação você fará o que for preciso para ganhar. Esteja ciente de que, embora depender da aprovação dos outros possa ser algo problemático, não há nada de errado em querer ser apreciado ou admirado pelas pessoas importantes na sua vida.

Como trabalhar com quem se destaca no tema Significância

- Ao trabalhar com pessoas que se destacam no tema Significância, tenha consciência de que elas necessitam ter independência. Se for preciso desafiá-las, compreenda que a consequência disso pode ser um confronto.
- Reconheça que pessoas com Significância prosperam ao obter reconhecimento relevante por sua contribuição. Dê a elas espaço para manobra, mas nunca as ignore.
- Dê às pessoas com talentos de Significância oportunidades para se destacar, para se tornarem conhecidas. Elas apreciam a pressão de estar no centro das atenções.

Uma pergunta frequente

Se eu já tiver feito o teste *CliftonStrengths – Descubra seus pontos fortes* original, devo fazer a versão atualizada?

Essa é uma decisão sua. Embora tenhamos feito ajustes finos para tornar o teste ligeiramente mais rápido e preciso, a linguagem dos 34 temas permanece a mesma. Assim, caso tenha feito a avaliação original, seus resultados permanecem tão válidos quanto na época em que a realizou.

A diferença fundamental entre a versão original e a atualização não está no teste em si, mas nos resultados e nos recursos disponíveis. Como o guia de desenvolvimento de pontos fortes inclui um relatório personalizado de *Percepções de pontos fortes*, baseado em mais de 5 mil combinações de respostas a partir da versão atualizada, é importante fazer o teste novo para ter acesso a um relatório mais abrangente e preciso.

Se você já fez a versão original e decidir refazer o teste atualizado, talvez alguns de seus cinco temas dominantes sejam diferentes dos que apareceram da primeira vez. Levando em conta probabilidades e estatísticas no cálculo de um ranking de 34 dimensões, se repetir a mesma versão do *CliftonStrengths – Descubra seus pontos fortes* mesmo alguns meses depois, não é improvável que haja mudança em um ou dois de seus principais temas. Com mais de 33 milhões de combinações possíveis para os cinco temas principais, a avaliação *CliftonStrengths* é muito diferente dos testes de personalidade básicos que o classificam, por exemplo, como extrovertido *ou* introvertido.

Com base em nossos cálculos, se você comparar os resultados da versão original com aqueles obtidos na atualização, há uma grande chance de que três dos seus cinco temas principais permaneçam os mesmos. Na maioria dos casos, pelo menos quatro temas aparecerão entre os cinco nas duas vezes. Talvez o que seja mais importante de compreender para seu desenvolvimento é que, se um novo tema aparecer entre os cinco principais, é provável que ele tenha figurado entre seus dez dominantes. Assim, você não "perdeu" um tema, mas tem agora a oportunidade de ver um ou dois temas que estavam ocultos do radar.

A história do teste *CliftonStrengths* – *Descubra seus pontos fortes*

"*O que aconteceria se estudássemos o que há de* certo *com as pessoas?*"

— Don Clifton (1924-2003)

Essa pergunta simples, feita há seis décadas por Don Clifton, iniciou o movimento global dos pontos fortes.

Para Don, a pergunta tocava em algo muito pessoal.

Durante a Segunda Guerra Mundial, Clifton pôs à prova seu talento matemático ao pilotar os bombardeiros B-24 da Força Aérea americana. Quando sobrevoava os Açores em um dia de tempo ruim, o avião saiu da rota. Don teve um palpite de como corrigi-la, mas, quando fez as contas, percebeu que estava errado. Assim ele aprendeu a confiar mais na ciência do que na própria intuição.

Don recebeu a Cruz de Voo Distinto por heroísmo durante suas 25 sortidas de bombardeio bem-sucedidas, e voltou para casa já tendo visto o suficiente de guerra e destruição. Queria passar seu tempo fazendo o bem à humanidade. Isso lhe despertou um profundo interesse por estudar o desenvolvimento humano de um jeito diferente: examinando o que estava *certo* nas pessoas.

"Na minha pesquisa de pós-graduação em Psicologia, ficou claro para mim que, historicamente, os psicólogos estudavam o que estava errado nas pessoas, em vez do que estava certo", relatou Don. "Percebi então que as pessoas eram classificadas mais por seus problemas e pontos fracos do que por seus talentos. Isso me despertou a necessidade de estudar pessoas de sucesso. A única maneira de identificar as diferenças em qualquer profissão é estudar os que se saíram bem."

Em 1949, Clifton e seus colegas criaram a Nebraska Human Resources Research Foundation (Fundação de Pesquisa em Recursos Humanos de Nebraska), na Universidade de Nebraska. A fundação oferecia serviço comunitário para os estudantes e laboratório para os que faziam pós-graduação praticarem a psicologia baseada em pontos fortes. Don e seus alunos e colegas descobriram que os estudantes bem-sucedidos – os que persistiam até se formar – tinham traços de caráter muito diferentes dos malsucedidos.

Essas primeiras descobertas sobre pessoas bem-sucedidas incentivaram outras hipóteses. Don e outros pesquisadores começaram a estudar os mais bem-sucedidos orientadores educacionais, professores, vendedores e gestores. Don descobriu que as pessoas que exerciam importantes papéis tinham características em comum. Ele definiu essas tendências como "padrões naturalmente recorrentes de pensamento, sentimento ou comportamento que podem ser aplicados de forma produtiva".

Don queria identificar características universais e práticas que permitissem prever um alto desempenho. E queria identificar as tendências únicas dos indivíduos que, com a prática, poderiam se tornar pontos fortes. O propósito desse trabalho era direcionar as conversas para que as pessoas entendessem melhor não só quem eram mas quem poderiam vir a ser.

Don desenvolveu centenas de instrumentos de previsão para identificar as pessoas com melhor desempenho em funções específicas dentro da cultura de uma determinada organização. Esses instrumentos cientificamente validados reconheciam o melhor conjunto de talentos para um cargo e uma empresa.

Mas faltava alguma coisa.

A possibilidade de identificar grandes talentos para uma organização nem sempre era útil para as *pessoas*. Assim, em meados da década de 1990, Clifton desenvolveu uma avaliação que buscava características específicas e um arcabouço para desenvolvê-las em prol do indivíduo. Ele chamou essas características de "pontos fortes".

Ao longo da jornada de criação daquele que viria a ser o teste *CliftonStrengths – Descubra seus pontos fortes*, Don conheceu muitos acadêmicos e pesquisadores. Talvez sua ligação mais importante tenha sido com Phil Stone, professor de Psicologia de Harvard. Considerado um prodígio, Stone tinha 15 anos quando entrou para a Universidade de Chicago e aos 23 já tinha dois doutorados. Ensinou Psicologia em Harvard por 39 anos. Além da paixão pelas ciências sociais, o Dr. Stone defendia a tecnologia recém-descoberta chamada internet.

As duas recomendações de Stone para Clifton foram montar a avaliação para a futura era digital e usar um algoritmo de medição ipsativa modificada em vez da costumeira medição normativa, como na escala Likert (1 a 5) ou na múltipla escolha. A pontuação ipsativa pede que o participante escolha entre dois resultados socialmente desejáveis. Ela se baseia no pressuposto de que os indivíduos costumam encarar várias alternativas positivas nas situações da vida real – por exemplo, "eu organizo" e "eu analiso". A medição ipsativa é útil principalmente para identificar características intrapessoais. Ela reduz o viés de desejabilidade social que surge em muitas medições normativas.

Um dos primeiros usos do futuro teste *CliftonStrengths – Descubra seus pontos fortes* foi com alunos de Psicologia de Harvard, que deram feedbacks sobre os temas e suas descrições.

Em 1997, Clifton e Stone desenvolveram um livro de exercícios chamado "Corner of the Sky" ("Cantinho do céu"), que Stone usou em suas aulas de Psicologia em Harvard. Foi o começo do impacto dos pontos fortes nos campi universitários e a aurora do movimento da psicologia positiva.

Na Costa Oeste, o Dr. Edward "Chip" Anderson, cientista social da UCLA (Universidade da Califórnia, campus de Los Angeles), interessou-se pelo trabalho de Don. Em 1998, Clifton e Anderson desenvolveram o "Soaring With Your Strengths" ("Ascenda com seus pontos fortes"), um curso suplementar para alunos da UCLA. Mais tarde, esse primeiro esboço se tornou o revolucionário livro *StrengthsQuest: Discover and Develop Your Strengths in Academics, Career, and Beyond* (Buscando seus pontos fortes: Descubra e desenvolva seus pontos fortes na pesquisa acadêmica, na carreira e muito mais).

Outro membro importantíssimo da equipe de pesquisa e desenvolvimento de Don foi Jon Conradt, especialista em TI do Gallup. Ele trabalhou intimamente com Don para desenvolver a plataforma digital e a pontuação algorítmica do teste. Ainda hoje, a maior parte do código original se mantém como a espinha dorsal da tecnologia do teste *CliftonStrengths*.

Don resumiu todos os achados dessa pesquisa nos 34 temas de pontos fortes originais que se tornaram o *StrengthsFinder*, mais tarde renomeado como *CliftonStrengths – Descubra seus pontos fortes*.

O trabalho de Clifton inspirou livros lidos por milhões de pessoas no mundo inteiro, como *Soar With Your Strengths* (Cresça com seus pontos fortes), de Don e Paula Nelson; *Strengths Based Leadership* (Liderança baseada em pontos fortes), de Tom Rath e Barry Conchie; *Seu balde está cheio?*, de Don e Tom Rath; *Descubra seus pontos fortes*, de Don Clifton e Marcus Buckingham; *CliftonStrengths for Students* (Descobrindo seus pontos fortes para estudantes), de Tom Matson; e um dos livros de negócios mais vendidos de todos os tempos, *Descubra seus pontos fortes 2.0*, de Tom Rath.

No fim da vida, Don foi homenageado com uma comenda presidencial da Associação de Psicologia Americana como pai da psicologia dos pontos fortes.

Depois de voltar da Segunda Guerra Mundial, a missão de Dr. Clifton era contribuir com o desenvolvimento humano. Quando este livro foi escrito, mais de 21 milhões de pessoas já tinham descoberto seus pontos fortes com o teste *CliftonStrengths – Descubra seus pontos fortes*.

Don mudou o mundo.

Sobre os autores

Em 1998, o pai da psicologia dos pontos fortes, Dr. Donald O. Clifton (1925-2003), criou o teste StrengthsFinder e seus 34 temas de talento. Mais tarde, o teste passou a se chamar *CliftonStrengths* em sua homenagem. Baseado em 40 anos de pesquisas do Dr. Clifton, essa ferramenta já ajudou milhões de pessoas a descobrirem e desenvolverem seus talentos.

Tom Rath é cientista sênior e consultor no Instituto Gallup, além de um escritor com presença constante nas listas de mais vendidos. É autor de *O poder da amizade*, *Eat Move Sleep*, *Strengths Based Leadership* e *How Full is Your Bucket?*. Ele se formou na Universidade de Michigan e na Universidade da Pensilvânia. Atualmente mora com a esposa, Ashley, e os dois filhos em Arlington, Virgínia.

Sobre o Gallup

O Gallup é uma empresa global de análise, assessoria e ensino que ajuda líderes a resolver os maiores problemas de sua organização.

O Gallup sabe mais sobre a vontade de funcionários, clientes, estudantes e cidadãos do que todas as outras instituições do mundo. Oferecemos soluções, transformações e serviços em muitas áreas, como:

- Mudança de cultura
- Desenvolvimento de liderança
- Desenvolvimento de gestão
- Treinamento e cultura baseados em pontos fortes
- Estratégias para o crescimento orgânico
- Ferramentas de software "de chefe a treinador"
- Atração e recrutamento de astros para a equipe
- Planejamento de sucessões
- Sistema de gestão e classificação de desempenho
- Métrica refinada de desempenho
- Redução de defeitos e riscos de segurança

- Avaliação de programas internos
- Engajamento e experiência de funcionários
- Avaliação preditiva para contratações
- Previsão de retenções
- Criação de equipes ágeis
- Aprimoramento da experiência do cliente (B2B)
- Diversidade e inclusão
- Iniciativas de bem-estar

Para saber mais, entre em contato com o Gallup em www.gallup.com

"Este livro é um investimento fantástico para quem deseja entender mais profundamente o melhor caminho para alcançar seu pleno potencial."
CAREER HORIZONS

"*Descubra seus pontos fortes 2.0* pode ajudar você a ser mais produtivo, ter menos estresse e se divertir mais no trabalho."
JOSH KAUFMAN, autor de *Manual do CEO*

"Tom Rath e seus colegas do Gallup se destacam pela inabalável crença de que as pessoas devem se concentrar em tirar o máximo proveito de seus pontos fortes, e não em ficar tentando consertar os próprios defeitos."
FORBES

"O livro me ajudou muito a ganhar clareza sobre meu real propósito na vida e a harmonizar as características da minha personalidade para ir atrás dos meus sonhos."
SANDIEVELETH.COM

"Este livro traz lições importantes para empreendedores e gestores que desejam entender os pontos fortes de sua equipe e convertê-los em benefícios à organização."
THE ECONOMIC TIMES

CONHEÇA ALGUNS DESTAQUES DE NOSSO CATÁLOGO

- Augusto Cury: Você é insubstituível (2,8 milhões de livros vendidos), Nunca desista de seus sonhos (2,7 milhões de livros vendidos) e O médico da emoção
- Dale Carnegie: Como fazer amigos e influenciar pessoas (16 milhões de livros vendidos) e Como evitar preocupações e começar a viver
- Brené Brown: A coragem de ser imperfeito – Como aceitar a própria vulnerabilidade e vencer a vergonha (900 mil livros vendidos)
- T. Harv Eker: Os segredos da mente milionária (3 milhões de livros vendidos)
- Gustavo Cerbasi: Casais inteligentes enriquecem juntos (1,2 milhão de livros vendidos) e Como organizar sua vida financeira
- Greg McKeown: Essencialismo – A disciplinada busca por menos (700 mil livros vendidos) e Sem esforço – Torne mais fácil o que é mais importante
- Haemin Sunim: As coisas que você só vê quando desacelera (700 mil livros vendidos) e Amor pelas coisas imperfeitas
- Ana Claudia Quintana Arantes: A morte é um dia que vale a pena viver (650 mil livros vendidos) e Pra vida toda valer a pena viver
- Ichiro Kishimi e Fumitake Koga: A coragem de não agradar – Como se libertar da opinião dos outros (350 mil livros vendidos)
- Simon Sinek: Comece pelo porquê (350 mil livros vendidos) e O jogo infinito
- Robert B. Cialdini: As armas da persuasão (500 mil livros vendidos)
- Eckhart Tolle: O poder do agora (1,2 milhão de livros vendidos)
- Edith Eva Eger: A bailarina de Auschwitz (600 mil livros vendidos)
- Cristina Núñez Pereira e Rafael R. Valcárcel: Emocionário – Um guia lúdico para lidar com as emoções (800 mil livros vendidos)
- Nizan Guanaes e Arthur Guerra: Você aguenta ser feliz? – Como cuidar da saúde mental e física para ter qualidade de vida
- Suhas Kshirsagar: Mude seus horários, mude sua vida – Como usar o relógio biológico para perder peso, reduzir o estresse e ter mais saúde e energia

sextante.com.br